EL PRÍNCIPE

Nicolás Maquiavelo

1532 (1ª publicación)

Dedicación

NICOLÁS MAQUIAVELO

EN

MAGNIFIQUE LAURENT

HIJO DE PIERRE DE MÉDICIS

Los que aspiran a adquirir las buenas gracias de un príncipe suelen tener la costumbre de ofrecerle, al acercarse a él, algunas de las cosas que más estiman entre las que poseen, o en las que ven que siente mayor placer. Así, suelen ofrecerle caballos, armas, piezas de tela de oro, piedras preciosas y otros objetos similares dignos de su grandeza.

Deseando, pues, presentarme a Vuestra Magnificencia con algún testimonio de mi devoción, no he encontrado, en todo lo que me pertenece, nada más querido y más precioso que el conocimiento de las acciones de los hombres elevados en el poder, que he adquirido, bien por la larga experiencia de los asuntos modernos, bien por el estudio asiduo de los de la antigüedad, sobre los que he reflexionado durante mucho tiempo y examinado con mucho cuidado, y que finalmente he escrito en un pequeño volumen que hoy me atrevo a dirigir a Vuestra Magnificencia.

Aunque considero este trabajo indigno de aparecer ante vosotros, confío en que vuestra indulgencia se dignará aceptarlo, cuando consideréis que el mayor regalo que podía haceros era daros los medios de conocer en muy poco tiempo lo que yo sólo aprendí en un largo curso de años, y al precio de mucho dolor y peligro.

No he adornado esta obra con grandes razonamientos, ni con frases pomposas y magníficas, ni, en una palabra, con todas esas extrañas galas con que la mayoría de los autores acostumbran a embellecer sus escritos: quería que mi libro sacara todo su brillo de sus propias profundidades, y que la variedad del tema y la importancia del mismo fueran su único placer.

Pido también que no se me acuse de presunción si, como simple particular, e incluso de rango inferior, me he atrevido a discutir sobre el gobierno de los príncipes y a dar reglas para ello. Así como quien quiere dibujar un paisaje baja a la llanura para obtener la estructura y el aspecto de las montañas y de los lugares altos, y por el contrario sube a las alturas cuando tiene que pintar las llanuras: del mismo modo, para conocer bien la naturaleza de los pueblos, es necesario ser príncipe; y para conocer igualmente bien a los príncipes, es necesario ser pueblo.

Que Vuestra Magnificencia acepte este modesto regalo con el mismo espíritu con que yo se lo dirijo. Si lo examina y lo lee con cierta atención, verá en él por doquier el deseo extremo que tengo de verla alcanzar la grandeza que la fortuna y sus demás cualidades le prometen. Y si Vuestra Magnificencia, desde la altura de su elevación, baja a veces la mirada a lo que está tan por debajo de ella, verá lo poco que he merecido ser víctima continua de una fortuna injusta y rigurosa.

EL PRÍNCIPE[1]

Capítulo I Cuántas clases de principados hay, y por qué medios pueden adquirirse.

Todos los Estados, todas las dominaciones que han mantenido y mantienen a los hombres bajo su imperio, han sido y son repúblicas o principados.

Los principados son hereditarios o nuevos.

Las hereditarias son las que pertenecen desde hace mucho tiempo a la familia de su príncipe.

Los nuevos son completamente nuevos, como lo fue Milán para Francesco Sforza, o son como miembros añadidos a los Estados hereditarios del príncipe que los adquiere; tal fue el reino de Nápoles con respecto al rey de España.

Además, los Estados adquiridos de este modo estaban acostumbrados a vivir bajo un príncipe o a ser libres: la adquisición se hacía con las armas de otros, o con las del propio comprador, o por el favor de la fortuna, o por el ascendiente de la virtud.

CAPÍTULO II. Principados hereditarios.

No trataré aquí de las repúblicas[2], porque ya he hablado largamente de ellas en otro lugar: trataré sólo de los principados; y, continuando con las distinciones que acabo de hacer, examinaré cómo, en estas diversas hipótesis, los príncipes pueden conducirse y mantenerse.

Digo, pues, que en el caso de los estados hereditarios conformados a la obediencia a la familia del príncipe, hay muchas menos dificultades para mantenerlos que en el caso de los nuevos estados: basta con que el príncipe no traspase los límites fijados por sus antepasados y contemporice con los acontecimientos. Además, aunque sólo esté dotado de una capacidad ordinaria, podrá mantenerse en el trono, a menos que una fuerza irresistible más allá de toda previsión lo derribe de él; pero incluso si lo ha perdido, el menor revés sufrido por el usurpador le facilitará recuperarlo. Italia nos ofrece un ejemplo de ello en el duque de Ferrara: si en 1484 resistió los ataques de los venecianos, y en 1510 los del papa Julio II, fue sólo porque su familia llevaba mucho tiempo establecida en su ducado.

De hecho, un príncipe hereditario tiene muchas menos razones y se encuentra mucho menos en la necesidad de disgustar a sus súbditos: por la misma razón, es mucho más querido por ellos; y, a menos que vicios extraordinarios le hagan odiado, naturalmente deben tenerle cariño. Además, con la edad y la larga continuidad de un poder, el recuerdo de las innovaciones anteriores se desvanece; las causas que las produjeron desaparecen: por lo tanto, ya no existen esas clases de peldaños que una revolución siempre deja para apoyar una segunda.

CAPÍTULO III. Principados mixtos.

Es en un nuevo principado donde confluyen todas las dificultades.

En primer lugar, si no es enteramente nuevo, sino que se añade como un miembro a otro, de modo que juntos forman un cuerpo que puede llamarse mixto, hay una primera fuente de cambio en una dificultad natural inherente a todos los nuevos principados : Es que a los hombres les gusta cambiar de señor con la esperanza de mejorar su suerte; que esta esperanza pone en sus manos las armas contra el gobierno actual; pero que después la experiencia les demuestra que estaban equivocados y que no han hecho más que empeorar su situación: consecuencia inevitable de otra necesidad natural en la que el nuevo príncipe suele encontrarse para cargar a sus súbditos, tanto con el mantenimiento de sus ejércitos, como con infinidad de otras cargas que traen consigo las nuevas conquistas.

La posición de este príncipe es tal que, por una parte, tiene por enemigos a todos aquellos cuyos intereses ha lesionado al apoderarse de este principado; y que, por otra, no puede conservar la amistad y la lealtad de los que facilitaron su entrada, ya sea porque no puede satisfacerles tanto como le habían prometido, ya sea porque no le conviene emplear contra ellos esos remedios heroicos de los que la gratitud le obliga a abstenerse; pues, por poderoso que sea un príncipe por medio de sus ejércitos, siempre necesita, para entrar en un país, ser ayudado por el favor de los habitantes.

Por eso Luis XII, rey de Francia, se apoderó en un instante de Milán, que también perdió, y por eso al principio sólo las fuerzas de Lodovico Sforza bastaron para arrebatársela. En efecto, los habitantes que le habían abierto las puertas, al ver defraudadas sus esperanzas y frustradas las ventajas que esperaban, no pudieron soportar el disgusto de una nueva dominación.

Es muy cierto que cuando los países que se han rebelado de esta manera son reconquistados, son más difíciles de perder: el conquistador, aprovechando esta rebelión, procede con menos moderación en los medios de asegurar su conquista, ya sea castigando a los culpables, ya sea buscando sospechosos, ya sea fortificando todas las partes débiles de sus

Estados.

Por eso también, para arrebatar Milán a Francia por primera vez, bastó que el duque Lodovico agitara algunos rumores en las fronteras de esta provincia. Para que la perdiera por segunda vez, era necesario que todo el mundo se uniera contra él, que sus ejércitos se dispersaran por completo y que fueran expulsados de Italia, lo que sólo podía suceder por las razones que ya he explicado: sin embargo, perdió esta provincia tanto la primera como la segunda vez.

En cuanto al segundo, merece la pena detenerse un poco más en él y examinar los medios que Luis XII pudo utilizar, y que cualquier otro príncipe podría utilizar en circunstancias similares, para aferrarse a sus nuevas conquistas un poco mejor de lo que lo hizo el rey de Francia.

Digo, pues, que los Estados conquistados para unirse a los que han pertenecido largo tiempo al conquistador, están o no en la misma región que éste, y que tienen o no la misma lengua.

En el primer caso, es fácil conservarlos, sobre todo cuando no están acostumbrados a vivir en libertad: para poseerlos con seguridad, basta con haber extinguido la raza del príncipe que era el amo; y si, en todo lo demás, se les deja a su antigua manera, como las costumbres son las mismas, los súbditos viven pronto pacíficamente. Así es como Bretaña, Borgoña, Gascuña y Normandía han permanecido unidas a Francia durante tantos años; y aunque hubiera algunas diferencias de idioma, como los hábitos y las costumbres son similares, estos Estados unidos podrían fácilmente llegar a un acuerdo. Sólo es necesario que quien se convierta en su poseedor preste atención a dos cosas si quiere conservarlos: una es, como acabo de decir, extinguir la raza del antiguo príncipe; la otra es no alterar ni las leyes ni el método de tributación: de este modo, el antiguo principado y el nuevo serán, en muy poco tiempo, un solo cuerpo.

Pero en el segundo caso, es decir, cuando los Estados adquiridos se encuentran en un país distinto de aquel al que están unidos, cuando no tienen ni la misma lengua, ni las mismas costumbres, ni las mismas instituciones, entonces las dificultades son excesivas, y se necesita una gran felicidad y una gran habilidad para conservarlos. Uno de los medios mejores y más eficaces sería que el vencedor estableciera allí su residencia personal: nada haría más segura y duradera la posesión. Este es también el curso tomado por el Turco con respecto a Grecia, que, a pesar de todas sus otras medidas, ciertamente nunca habría podido conservar si no hubiera determinado venir a vivir allí.

Cuando vive en el campo, el nuevo príncipe ve los desórdenes en el momento en que surgen y puede ponerles fin de inmediato. Si está lejos, no se entera de ellos hasta que ya son graves y no puede ponerles remedio.

Además, su presencia impide que sus oficiales devoren la provincia; y, en cualquier caso, es una satisfacción para los habitantes tener, por así decirlo, a mano su recurso al propio príncipe. También tienen más razones para amarle, si quieren ser súbditos buenos y leales, o para temerle, si quieren ser malos. Por último, un extranjero que quisiera atacar este Estado tiene muchas menos probabilidades de aventurarse en él; sobre todo, como el príncipe reside allí, es muy difícil llevárselo.

Lo mejor es establecer colonias en uno o dos lugares que sean como las llaves del país: de lo contrario, se está obligado a mantener allí un gran número de hombres de armas e infantería. El establecimiento de colonias no es muy costoso para el príncipe; puede enviarlas y mantenerlas sin coste alguno, o al menos casi sin coste alguno; sólo perjudica a aquellos a quienes quita sus campos y casas para dárselos a los nuevos habitantes. Ahora bien, los hombres así ofendidos, siendo sólo una parte muy pequeña de la población, y permaneciendo dispersos y pobres, nunca pueden volverse dañinos; mientras que todos los que no se ven afectados por su rigor permanecen tranquilos sólo por esta razón; además, no se atreven a portarse mal por miedo a que también a ellos les roben. En una palabra, estas colonias, tan poco costosas, son más leales y menos una carga para sus súbditos; y, como he dicho antes, los que las padecen, siendo pobres y dispersos, son incapaces de hacer daño. De donde se sigue que, cuando se trata de ofender a un hombre, debe hacerse de tal manera que no podamos temer su venganza[3].

Pero si, en lugar de enviar colonias, se decide mantener tropas, el gasto resultante aumenta sin límite, y todos los ingresos del Estado se consumen en custodiarlo. Así, la adquisición se convierte en una pérdida real, que perjudica tanto más a los habitantes cuanto que son más perjudicados; porque todos tienen que sufrir, al igual que el Estado, el alojamiento y el desplazamiento de las tropas. Ahora bien, como todos están expuestos a esta carga, todos se convierten en enemigos del príncipe, y en enemigos capaces de causar daño, puesto que permanecen vilipendiados en sus hogares. Tal guardia es, pues, en todo caso tan inútil como provechosa sería la de las colonias.

Pero eso no es todo. Cuando el Estado conquistado se encuentra en un país que no es el Estado hereditario del conquistador, hay muchas otras preocupaciones que éste no debe descuidar: debe hacerse gobernante y protector de los príncipes vecinos menos poderosos del país, trabajar para debilitar a los más fuertes e impedir, bajo cualquier pretexto, que se introduzca allí un extranjero tan poderoso como él; introducción que sin duda se verá favorecida, porque este extranjero no puede dejar de ser llamado por todos aquellos que están descontentos por la ambición o el miedo. Así fue como los romanos fueron introducidos en Grecia por los etolios, y como la entrada a todos los demás países en que penetraron les fue abierta por sus habitantes.

Así es como funcionan las cosas: en cuanto un extranjero poderoso entra en un país, todos los príncipes menos poderosos de allí se adhieren a él y favorecen su empresa, despertados por la envidia que albergan contra aquellos cuyo poder era mayor que el suyo. Por lo tanto, no tiene ninguna dificultad en ganarse a estos príncipes menos poderosos, que se apresuran a formar una sola masa con el Estado que acaba de conquistar. Sólo debe procurar que no se vuelvan demasiado fuertes ni demasiado autoritarios: con su ayuda y sus propios medios, logrará fácilmente rebajar a los más poderosos y convertirse en el único árbitro de la región. Si descuida comportarse correctamente en estas circunstancias, pronto perderá el fruto de su conquista; y mientras lo conserve, experimentará toda clase de dificultades y disgustos.

Los romanos, en los países de los que llegaron a ser amos, nunca descuidaron nada de lo que había que hacer. Enviaron allí colonias, protegieron a los más débiles sin aumentar su poder; derribaron a los grandes; no permitieron que extranjeros poderosos adquirieran allí el menor crédito. Daré sólo un ejemplo como prueba de ello. Veamos lo que hicieron en Grecia: Allí apoyaron a los aqueos y a los etolios; allí derribaron el reino de Macedonia, expulsaron a Antíoco; pero por muchos servicios que hubieran recibido de los aqueos y de los etolios, no permitieron que estos dos pueblos aumentaran sus Estados; Todas las súplicas de Filipo no pudieron persuadirles a que fueran sus amigos, sin que él perdiera algo; y todo el poder de Antíoco nunca pudo hacerles consentir en que poseyera el menor estado en aquellas regiones.

En estas circunstancias, los romanos actuaron como deben hacerlo los príncipes sabios, cuyo deber es pensar no sólo en los desórdenes presentes, sino también en los que puedan surgir, para ponerles remedio por todos los medios que la prudencia pueda indicar. En efecto, previniéndolos a distancia es mucho más fácil remediarlos; mientras que si se les ha dejado desarrollarse, el tiempo ha pasado y el mal se hace incurable. Ocurre entonces como en el caso de la etisia, de la que los médicos dicen que es una enfermedad fácil de curar pero difícil de conocer, y que, una vez que ha progresado, se convierte en fácil de conocer pero difícil de curar. Esto es lo que ocurre en todos los asuntos de Estado: cuando la enfermedad se prevé desde lejos, lo que sólo es posible para los hombres de gran sagacidad, se cura pronto; pero cuando, por falta de luz, sólo se ve cuando golpea a todos los ojos, la curación es imposible. Los romanos, que sabían prever de lejos todos los inconvenientes, siempre los remediaban a tiempo, y nunca los dejaban correr para evitar una guerra: sabían muy bien que la guerra nunca se puede evitar, y que si se aplaza, es en beneficio del enemigo. Por eso, aunque hubieran podido evitarla en su momento, quisieron hacer la guerra contra Filipo y Antíoco en la propia Grecia, para no tener que luchar contra ellos en Italia. Nunca probaron aquellas palabras que hoy oímos constantemente salir de la boca de los sabios: Disfrutad de los beneficios del tiempo; prefirieron las del valor y la prudencia; porque el tiempo impulsa todo lo que tiene delante por igual, y trae a su paso tanto el bien como el mal, tanto el mal como el bien.

Pero volvamos a Francia y examinemos si hizo alguna de las cosas que acabo de describir. Hablaré sólo del rey Luis XII, y no de Carlos VIII, porque el primero, al haber conservado durante más tiempo sus conquistas en Italia, pudimos hacernos una mejor idea de su manera de proceder. Debió quedar claro que hizo todo lo contrario de lo que era necesario para conservar un Estado muy distinto de aquel al que se pretendía añadir.

El rey Luis XII fue introducido en Italia por la ambición de los venecianos, que querían, con su llegada, adquirir la mitad del ducado de Lombardía. No quiero criticar la decisión del rey: puesto que deseaba poner el pie en Italia, donde no tenía amigos y cuyas puertas le habían sido cerradas por la conducta de Carlos VIII, se vio obligado a abrazar las primeras amistades que pudo encontrar; y la decisión que tomó pudo ser incluso acertada, si no hubiera cometido otros errores en el resto de sus expediciones. Así, una vez conquistada Lombardía, pronto recuperó la reputación que Carlos le había hecho perder: Génova se sometió; los florentinos se convirtieron en sus aliados; el marqués de Mantua, el duque de Ferrara, la familia Bentivogli, la señora de Forli, los señores de Faenza, Pesaro, Rímini, Camerino y Piombino, los lucchese, los pisanos y los sieneses acudieron a su amistad. Los venecianos también tuvieron que reconocer lo imprudentes que habían sido cuando, para adquirir dos ciudades en Lombardía, habían convertido al rey de Francia en soberano de dos tercios de Italia.

En tales circunstancias, sin duda habría sido fácil para Luis XII conservar todo su ascendiente en esta región, si hubiera sabido poner en práctica las reglas de conducta expuestas anteriormente; si hubiera protegido y defendido a aquellos numerosos amigos que, débiles y temblorosos unos ante la Iglesia, otros ante los venecianos, se veían obligados a permanecerle leales, y por medio de los cuales podía asegurar fácilmente a todos aquellos a los que aún les quedaba algo de poder.

Pero apenas había llegado a Milán cuando hizo todo lo contrario, ayudando al Papa Alejandro VI a apoderarse de la Romaña. No comprendió que se estaba debilitando a sí mismo, al privarse de los amigos que se habían echado en sus brazos, y que estaba engrandeciendo a la Iglesia, al añadir al poder espiritual, que ya le daba tanta autoridad, un poder temporal igualmente considerable.

Este primer error dio lugar a tantos otros que el propio rey tuvo que acudir a Italia para frenar la ambición de Alejandro e impedir que se hiciera dueño de Toscana.

Y eso no fue todo. No contento con haber ampliado así la Iglesia y haberse privado de sus amigos, Luis, deseoso de poseer el reino de Nápoles, decidió compartirlo con el rey de España : de modo que, mientras era el único árbitro de Italia, él mismo introdujo un rival al que podían recurrir todos los ambiciosos y todos los descontentos; y cuando pudo dejar en el trono a un rey que se consideraba afortunado de ser su tributario, lo derrocó para colocar en él a un príncipe que estaba en condiciones de derrocarlo él mismo.

El deseo de adquirir es indudablemente algo ordinario y natural; y quien se entrega a él, cuando tiene los medios, es alabado más que culpado: pero formar la intención sin ser capaz de llevarla a cabo es incurrir en culpa y cometer un error. Si Francia tenía fuerzas suficientes para atacar el reino de Nápoles, debía haberlo hecho; si no las tenía, no debía haberlas compartido.

Si la división de Lombardía con los venecianos podía excusarse, era porque daba a Francia los medios para afianzarse en Italia; pero la del reino de Nápoles, al no haber sido determinada de forma similar por la necesidad, sigue sin tener excusa. Así pues, Luis XII había cometido cinco errores en Italia: había arruinado a los débiles, había aumentado el poder de un poderoso, había introducido a un príncipe extranjero muy poderoso, no había llegado para quedarse y no había enviado colonias allí.

Sin embargo, mientras vivió, estas cinco faltas podrían no haber llegado a ser fatales para él, si no hubiera cometido una sexta, la de querer despojar a los venecianos de sus Estados. En efecto, habría sido bueno y necesario debilitarlos, si no hubiera ampliado también la Iglesia y llamado a España a Italia; pero habiendo hecho ambas cosas, nunca habría debido consentir en su ruina, porque, mientras hubieran permanecido poderosos, habrían impedido a los enemigos del rey atacar Lombardía. En efecto, por una parte, sólo habrían consentido a condición de hacerse dueños de aquel país; por otra, nadie habría querido arrebatárselo a Francia para dárselo a ellos; y, por último, habría parecido demasiado peligroso atacar juntos a los franceses y a los venecianos.

Si me dijeran que Luis sólo había abandonado la Romaña al papa Alejandro, y compartido el reino de Nápoles con España, para evitar la guerra, respondería como ya he dicho, que nunca se debe, por tal motivo, permitir que subsista el desorden; pues no se evita la guerra, sólo se retrasa en perjuicio propio.

Si todavía se alegara que el rey había prometido al papa conquistar esta provincia para él, con el fin de obtener la disolución de su matrimonio y el sombrero cardenalicio para el arzobispo de Rouen (más tarde llamado el cardenal d'Amboise), respondería con lo que se dirá más adelante, acerca de las promesas de los príncipes, y la manera en que deben cumplirlas.

Así pues, Luis XII perdió Lombardía porque no cumplió ninguna de las reglas que siguen todos aquellos que, habiendo adquirido un Estado, desean conservarlo. No hay ningún milagro en ello; es algo muy simple y natural. Yo estaba en Nantes en la época en que el Valentinois (como se llamaba entonces César Borgia, hijo del Papa Alejandro VI) se hacía con el control de la Romaña: el cardenal d'Amboise, con quien discutía este acontecimiento, habiéndome dicho que los italianos no entendían nada de asuntos de guerra, le respondí que los franceses no entendían nada de asuntos de Estado, porque, si hubieran entendido algo, no habrían permitido que la Iglesia creciera hasta tal punto. La experiencia, en efecto, ha demostrado que la grandeza de la Iglesia y la de España en Italia fueron obra de Francia, y luego la causa de su ruina en aquella región. De aquí se deduce también una regla general que rara vez, por no decir nunca, engaña: que el príncipe que hace poderoso a otro obra para su propia ruina; porque este poder se produce o por la habilidad o por la fuerza: y estas dos causas hacen sospechoso a quien las emplea de la persona para quien las emplea.

CAPÍTULO IV. Por qué los Estados de Darío, conquistados por Alejandro, no se rebelaron contra los sucesores del conquistador después de su muerte.

Si tenemos en cuenta lo difícil que es mantener un Estado recién conquistado, quizá nos sorprenda lo que ocurrió tras la muerte de Alejandro Magno. En pocos años, este príncipe se había hecho dueño de toda Asia, y murió casi de inmediato. Era probable que el imperio aprovechara su muerte para sublevarse; sin embargo, sus sucesores se aferraron a él, y no experimentaron más dificultades que las que surgieron entre ellos por su propia ambición.

A esto responderé que todos los principados que conocemos, y de los que hay alguna memoria, se gobiernan de dos maneras diferentes: o por un príncipe y esclavos, que le ayudan a gobernar, como ministros, sólo por una gracia y una concesión que él está dispuesto a hacerles; o por un príncipe y barones, que ostentan su rango no por el favor del soberano, sino por la antigüedad de su raza; que tienen estados y súbditos que les pertenecen y reconocen como señores, y que les tienen un afecto natural.

En los principados gobernados por un príncipe y por esclavos, el príncipe tiene una autoridad mucho mayor, ya que en toda la extensión de sus Estados sólo él es reconocido como superior, y si los súbditos obedecen a cualquier otro, sólo lo consideran como su ministro u oficial, al que no sienten ningún apego personal.

Turquía y el reino de Francia pueden citarse hoy como ejemplos de ambos tipos de gobierno.

Toda Turquía está gobernada por un solo amo, del que todos los demás turcos son esclavos, y que, habiendo dividido su imperio en varios sangiacs, envía gobernadores a los que revoca y cambia a su antojo.

En Francia, en cambio, el rey está rodeado de una hueste de señores de antigua raza, reconocidos como tales por sus súbditos, que son amados por ellos y que gozan de prerrogativas que el rey no podría arrebatarles sin peligro para sí mismo.

Si reflexionamos sobre la naturaleza de estas dos formas de gobierno, veremos que es difícil conquistar el imperio de los turcos, pero que, una vez conquistado, es muy fácil conservarlo.

La dificultad de conquistar el imperio turco proviene del hecho de que el conquistador nunca puede ser llamado por los grandes hombres de esta monarquía, ni puede esperar ser ayudado en su empresa por la rebelión de algunos de los que rodean al monarca. Ya he indicado las razones de ello. Todos ellos, de hecho, siendo igualmente sus esclavos e igualmente endeudados con él por sus riquezas, es muy difícil corromperlos; e incluso si lo consiguieras, tendrías que esperar pocos beneficios, porque no pueden llevar al pueblo a la revuelta. Cualquiera que desee atacar a los turcos debe, por tanto, esperar encontrarlos unidos contra él, tener pocas esperanzas de ser ayudado por el desorden interno, y confiar poco en nada que no sea su propia fuerza.

Pero una vez hecha la conquista y derrotado el monarca en batalla campal, de modo que sus ejércitos ya no pueden reponerse, lo único que queda que temer es su raza, la cual, una vez extinguida, no deja a nadie a quien temer, porque ya no queda nadie que conserve ascendiente alguno sobre el pueblo; de modo que si antes de la victoria no había nada que esperar de los súbditos, del mismo modo, una vez ganada, no hay nada que temer de ellos.

Es muy diferente en los Estados gobernados como Francia. Puede ser fácil entrar ganándose a algunos de los grandes hombres del reino; y siempre hay algunos descontentos, ávidos de novedades y de cambios, que pueden, en efecto, por las razones que ya he mencionado, abrir los caminos del reino y facilitar la victoria; pero, si se trata entonces de mantenerse, es entonces cuando el conquistador encuentra toda clase de dificultades, tanto por parte de los que le han ayudado como por parte de los que ha tenido que oprimir.

Allí no le basta con extinguir la raza del príncipe, pues siempre queda una hueste de señores que se pondrán a la cabeza de nuevos movimientos; y como no le es posible satisfacerlos a todos ni destruirlos, perderá su conquista en cuanto se le presente la ocasión.

Ahora bien, si consideramos la naturaleza del gobierno de Darío, encontraremos que se parecía al de Turquía: así, Alejandro tuvo que luchar contra todas las fuerzas del imperio, y primero tuvo que derrotar al monarca en plena campaña; pero, tras su victoria y la muerte de Darío, el vencedor, por las razones que he explicado, siguió siendo el tranquilo poseedor de su conquista. Y si sus sucesores hubieran permanecido unidos, habrían disfrutado igualmente de su conquista en el seno del descanso y del placer; pues en todo el imperio sólo surgían los problemas que ellos mismos causaban.

Pero en cuanto a los Estados gobernados como Francia, dista mucho de ser posible mantener tal tranquilidad. Prueba de ello son los frecuentes levantamientos contra los romanos en España, Galia y Grecia. Estas rebeliones fueron provocadas por los numerosos principados de estas regiones, cuyo mero recuerdo, mientras existió, fue fuente de problemas y ansiedad para los vencedores. No fue hasta que el poder y la duración de la dominación romana hubieron extinguido el recuerdo de estos principados que sus propietarios estuvieron finalmente en paz.

Aún hay más. Cuando los romanos estuvieron posteriormente en guerra entre sí, cada una de las partes pudo ganar y tener para sí aquellos antiguos principados en los que tenía mayor influencia y que, tras la extinción de la raza de sus príncipes, no conocieron otra dominación que la de Roma.

Quien haya reflexionado sobre todas estas consideraciones, sin duda ya no se sorprenderá de la facilidad con que Alejandro se mantuvo en Asia y de la dificultad, por el contrario, que otros, como Pirro, tuvieron para conservar sus conquistas. Esto no se debió a la mayor o menor habilidad del conquistador, sino a la diferente naturaleza de los estados conquistados.

CAPÍTULO V. Cómo gobernar los Estados o principados que, antes de la conquista, vivían bajo sus propias leyes.

Cuando los Estados conquistados están, como he dicho, acostumbrados a vivir libres bajo sus propias leyes, el conquistador puede proceder de tres maneras para mantenerse allí: la primera es destruirlos; la segunda, ir a residir allí en persona; la tercera, dejarles sus leyes, limitándose a exigirles tributo y a establecer allí un pequeño gobierno que los mantenga en obediencia y fidelidad : lo que sin duda hará tal gobierno; porque, teniendo toda su existencia del conquistador, sabe que no puede conservarla sin su apoyo y protección; además, un Estado acostumbrado a la libertad es más fácilmente gobernado por sus propios ciudadanos que por otros.

Los espartanos y los romanos pueden servir de ejemplo.

Los espartanos se aferraron a Atenas y Tebas, confiando el poder allí sólo a un pequeño número de personas; sin embargo, posteriormente las perdieron. Los romanos, para conservar el control de Capua, Cartago y Numancia, las destruyeron pero no las perdieron. Quisieron utilizarlos en Grecia como los espartanos: le devolvieron su libertad y le dejaron sus propias leyes, pero no lo consiguieron. Para aferrarse a esta tierra, tuvieron que destruir un gran número de ciudades, que era la única forma segura de poseerla. Y, de hecho, quien, habiendo conquistado un Estado acostumbrado a vivir en libertad, no lo destruye, debe esperar ser destruido por él. En un Estado así, la rebelión es suscitada constantemente por el nombre de la libertad y por el recuerdo de las viejas instituciones, que ni la duración del tiempo ni los beneficios de un nuevo amo podrán jamás borrar de su memoria. Toméis las precauciones que toméis, hagáis lo que hagáis, si no disolvéis el Estado, si no dispersáis a sus habitantes, los encontraréis, a la primera oportunidad, recordando, invocando su libertad, sus instituciones perdidas, y esforzándose por recuperarlas. Así fue como Pisa rompió el yugo florentino tras más de cien años de esclavitud.

Pero es muy diferente para los países acostumbrados a vivir bajo un príncipe. Si la raza de este príncipe se extingue una vez, los habitantes, ya moldeados a la obediencia, incapaces de ponerse de acuerdo en la elección de un nuevo amo, y no sabiendo vivir libres, tienen poca prisa en tomar las armas; de modo que el conquistador puede sin dificultad ganárselos o asegurarse de ellos. En las repúblicas, por el contrario, hay un principio de vida mucho más activo, un odio mucho más profundo, un deseo de venganza mucho más ardiente, que no deja ni puede dejar un momento en paz el recuerdo de la antigua libertad.

CAPÍTULO VI. Nuevos principados adquiridos por las armas y por la habilidad del comprador.

No te sorprendas si, al hablar de principados de príncipes y estados completamente nuevos, cito algunos ejemplos muy grandes. Los hombres casi siempre caminan por senderos ya recorridos; casi siempre actúan por imitación; pero difícilmente les es posible seguir exactamente las huellas de quienes les han precedido, o igualar la virtud de aquellos a quienes se han propuesto imitar. Deben, pues, tomar como guía y modelo a las más grandes figuras, para que, aunque no lleguen al mismo grado de grandeza y gloria, puedan al menos reproducir su fragancia. Deben hacer como esos arqueros prudentes que, juzgando que la meta propuesta está más allá del alcance de su arco y de sus fuerzas, apuntan aún más lejos, para que su flecha alcance el punto que desean alcanzar.

En primer lugar, diría que, en el caso de principados completamente nuevos, la mayor o menor dificultad de mantener la posición depende de la mayor o menor habilidad de la persona que la ha adquirido. Hay razones para creer que un hombre que ha ascendido desde las filas de un particular al rango de príncipe es, o bien un hombre hábil, o bien uno ayudado por la fortuna: a lo que yo añadiría que cuanto menos deba a la fortuna, mejor podrá mantenerse. Además, tal príncipe, al no tener otros estados, está obligado a venir a vivir a su propio país, lo que reduce aún más la dificultad.

Pero, en cualquier caso, para hablar primero de aquellos que se convirtieron en príncipes por su propia virtud y no por fortuna, los más notables son: Moisés, Ciro, Rómulo, Teseo, y algunos otros como ellos[4].

Aunque no debamos razonar mucho acerca de Moisés, porque no fue más que un simple ejecutor de las órdenes de Dios, siempre hay motivos para admirarle, aunque sólo sea por la gracia que le hizo digno de conversar con la Divinidad. Pero si consideramos las acciones y la conducta de Ciro y de los demás conquistadores y fundadores de reinos, los admiraremos a todos por igual, y encontraremos una gran conformidad entre ellos y Moisés, a pesar de que este último fue dirigido por un maestro tan grande.

Veremos, en primer lugar, que todo lo que debían a la fortuna era la oportunidad que les proporcionaba el material al que podían dar la forma que consideraban apropiada. Sin esta oportunidad, las grandes cualidades de sus almas habrían permanecido inútiles; pero también, sin estas grandes cualidades, la oportunidad se habría presentado en vano. No fue hasta que Moisés encontró a los israelitas esclavizados y oprimidos en Egipto que el deseo de escapar de la esclavitud les determinó a seguirle. Para que Rómulo se convirtiera en el fundador y rey de Roma, tuvo que ser sacado de Alba y expuesto inmediatamente después de su nacimiento. Ciro necesitaba encontrar a los persas descontentos con la dominación de los medos, y a los medos ablandados y afeminados por las delicias de una larga paz. Por último, Teseo no habría demostrado su valía si los atenienses no se hubieran dispersado. La felicidad de estos grandes hombres nació, pues, de la oportunidad; pero fue gracias a su habilidad que supieron aprovecharla y ponerla al servicio de la gran prosperidad y gloria de su patria. Los que, como ellos, y por los mismos medios, lleguen a ser príncipes, adquirirán su principado sólo con gran dificultad, pero lo mantendrán fácilmente.

A este respecto, sus dificultades provendrán sobre todo de las nuevas instituciones, de las nuevas formas que se verán obligados a introducir para fundar su gobierno y garantizar su seguridad; y hay que tener en cuenta que no hay empresa más difícil de llevar a cabo, más incierta en cuanto al éxito y más peligrosa que la de introducir nuevas instituciones. Los que se embarcan en ella tienen por enemigos a todos los que se beneficiaban de las viejas instituciones, y sólo encuentran tibios defensores en aquellos para quienes las nuevas serían útiles. Esta tibieza, además, proviene de dos causas: la primera es el miedo que tienen a sus adversarios, que tienen a su favor las leyes existentes; la segunda es la incredulidad común a todos los hombres, que no quieren creer en la bondad de las cosas nuevas hasta que no han sido bien convencidos por la experiencia. Esta es también la razón por la que, si los que son enemigos encuentran la ocasión de atacar, lo hacen con todo el calor del partidismo, y los otros se defienden con frialdad, de modo que es peligroso pelearse con ellos.

Para razonar adecuadamente sobre este tema, debemos considerar si los innovadores son poderosos por derecho propio, o si dependen de otros, es decir, si se reducen a rezar para llevar a cabo su actividad, o si disponen de medios para coaccionar.

En el primer caso, siempre les sobreviene la desgracia y no consiguen nada; pero en el segundo, por el contrario, es decir, cuando sólo dependen de sí mismos y están en condiciones de forzar, muy raramente corren el riesgo de sucumbir. Por eso hemos visto triunfar a todos los profetas armados, y acabar desgraciadamente a los que estaban desarmados. A lo que hay que añadir que la gente es voluble por naturaleza, y que si bien es fácil persuadirla de algo, es difícil hacerla firme en esa persuasión: por lo tanto, hay que disponer las cosas de tal manera que, cuando ya no crean, se les pueda hacer creer por la fuerza.

Ciertamente Moisés, Ciro, Teseo y Rómulo no habrían podido mantener sus instituciones por mucho tiempo si hubieran estado desarmados; y habrían sufrido el mismo destino que Fray Jerónimo Savonarola, cuyas instituciones perecieron tan pronto como muchos empezaron a descreer de él, ya que no tenía medios para fortalecer en su creencia a los que aún creían, ni para obligar a creer a los que descreían.

Sin embargo, repitamos que los grandes hombres como éstos tropiezan con dificultades extremas; que todos los peligros están en su camino; que es allí donde tienen que vencerlos; y que una vez que han superado estos obstáculos, una vez que han comenzado a ser venerados, y una vez que se han liberado de aquellos de su mismo rango que les envidiaban, permanecen poderosos, tranquilos, honrados y felices.

A estos grandes ejemplos que he citado, quiero añadir otro de orden menor, pero no demasiado desproporcionado; y elijo uno solo que será suficiente: el de Hierón de Siracusa. Simple ciudadano particular, se convirtió en príncipe de su patria, no debiendo más a la fortuna que a la oportunidad. En efecto, los oprimidos siracusanos lo eligieron como su general, y fue por sus servicios en este cargo por lo que aún merece ser elevado al poder supremo. Además, en su primer estado como ciudadano, había mostrado tantas virtudes que se ha dicho de él que lo único que necesitaba para reinar bien era un reino. Además, Hierón destruyó la antigua milicia y estableció una nueva; abandonó las antiguas alianzas para concertar otras nuevas: teniendo entonces tanto soldados como aliados enteramente suyos, pudo, sobre tales cimientos, construir cualquier edificio que deseara; de modo que, si sólo adquiría con gran dificultad, no encontraba ninguno que conservar.

CAPÍTULO VII. Nuevos principados adquiridos por las armas de otros y por la fortuna.

Los que pasan de ser simples particulares a convertirse en príncipes por el mero favor de la fortuna, lo hacen con poca dificultad; pero tienen mucha dificultad para mantenerse. Ninguna dificultad les detiene en su camino: van volando; pero se dejan ver cuando llegan.

Tales eran aquellos a quienes se concedía un estado, ya fuera por una suma de dinero o a voluntad del concedente. Así es como se hicieron multitud de concesiones en Jonia y en las orillas del Helesponto, donde Darío estableció varios príncipes para gobernar estos estados para su seguridad y gloria. Así es también como se crearon aquellos emperadores que, desde el rango de simples ciudadanos, fueron elevados al imperio por la corrupción de los soldados. La existencia de tales príncipes depende enteramente de dos cosas muy inciertas y muy variables: la voluntad y la fortuna de quienes los crearon; y ni saben ni pueden mantener su elevación. No pueden, porque a menos que un hombre esté dotado de una gran mente y de un gran valor, es poco probable que, habiendo vivido siempre como un particular, sepa mandar; no pueden, porque no tienen fuerzas que les sean afines y leales.

Además, los Estados formados de repente son como todas las cosas que, en el orden de la naturaleza, nacen y crecen demasiado deprisa: no pueden tener raíces bastante profundas ni adherencias bastante fuertes para que la primera tempestad no los derribe; a menos que, como acabo de decir, los que se han convertido en príncipes tengan bastante habilidad para saber prepararse inmediatamente a conservar lo que la fortuna ha puesto en sus manos, y a fundar, después del auge de su poder, los cimientos que deberían haber sido establecidos de antemano.

En relación con estas dos formas de convertirse en príncipe, es decir, por habilidad o por fortuna, me gustaría citar dos ejemplos que aún hoy se recuerdan: los de Francesco Sforza y César Borgia.

Francesco Sforza, sólo con gran valor y el uso de los medios adecuados, pasó de ser un ciudadano particular a duque de Milán; y lo que tanto trabajo le había costado adquirir, poco le costó conservarlo.

Por el contrario, César Borgia, comúnmente conocido como el duque de Valentinois, que se convirtió en príncipe gracias a la fortuna de su padre, perdió su principado tan pronto como esa misma fortuna dejó de sostenerle, a pesar de que había hecho todo lo que un hombre prudente y hábil debería hacer para echar raíces profundas en los estados que los brazos de otros y la fortuna le habían dado. No es imposible, en efecto, como ya he dicho, que un hombre extremadamente hábil ponga, después de haber ascendido al poder, cimientos que no habría puesto antes; pero tal trabajo es siempre muy penoso para el arquitecto y peligroso para el edificio.

Además, si examinamos atentamente los progresos del duque, veremos cuánto había hecho para consolidar su futura grandeza; y en esto es en lo que parece que vale la pena detenerse un poco; porque el ejemplo de sus acciones presenta sin duda las mejores lecciones que se pueden dar a un nuevo príncipe, y si todas sus medidas le resultaron finalmente infructuosas, no fue por su culpa, sino por una extraordinaria e ilimitada vejación de la fortuna.

Alejandro VI, deseoso de ampliar el ducado de su hijo, encontró muchas dificultades para el presente y para el futuro. En primer lugar, vio que sólo podía hacerlo señor de un Estado que estaba en el dominio de la Iglesia; y sabía que el duque de Milán y Venecia no estarían de acuerdo con esto, sobre todo porque Faenza y Rímini ya estaban bajo la protección de los venecianos. Además, vio que todas las fuerzas de Italia, y sobre todo las que podría haber utilizado, estaban en manos de los más propensos a temer la expansión del Papa; por lo que no podía contar con su lealtad, ya que dependían de los Orsini, los Colonna y sus partidarios. Esto no le dejó otra opción que confundirlo todo y sembrar el desorden entre todos los estados italianos, para poder apoderarse de algunos de ellos a través de los disturbios. Esto no era difícil. De hecho, los venecianos habían decidido, por otros motivos, volver a llamar a los franceses a Italia. No sólo no se opuso a este plan, sino que facilitó su ejecución disolviendo el antiguo matrimonio del rey Luis XII con Juana de Francia. Así pues, este príncipe llegó a Italia con la ayuda de los venecianos y el consentimiento del Papa, y nada más llegar a Milán, Alejandro consiguió tropas para una expedición a la Romaña, que le fue abandonada de inmediato únicamente por la reputación del rey. El duque de Valentinois, una vez adquirida esta provincia, vio frustrados sus planes de consolidación y progreso por dos dificultades: una derivada del hecho de que las tropas de que disponía no le parecían muy leales; la otra tenía que ver con la voluntad del rey, es decir, por un lado, temía que las tropas de Orsini, de las que se había servido, le fallaran en caso de necesidad, y no sólo le impidieran hacer nuevas adquisiciones, sino que incluso le hicieran perder las que ya había hecho; por otro, temía que el rey hiciera lo mismo. En cuanto a las tropas de Orsini, ya había tenido alguna experiencia de sus disposiciones cuando, después de la toma de Faenza, había ido a atacar Bolonia y las había visto comportarse muy fríamente; y en cuanto al rey, había podido leer lo más profundo de sus pensamientos cuando, habiendo querido volver sus armas contra Toscana después de apoderarse del ducado de Urbino, este príncipe le había obligado a desistir de su empresa.

En estas circunstancias, el duque se propuso independizarse de las armas y la voluntad de los demás. Para conseguirlo, empezó por debilitar a los partidos Orsini y Colonna en Roma, ganándose a todos sus nobles partidarios, convirtiéndolos en sus caballeros, y dándoles ricos sueldos, honores, mando de tropas y gobiernos de lugares, según su condición: así sucedió que en pocos meses el afecto de todos los partidos se volvió hacia el Duque.

Entonces, cuando hubo dispersado a los partidarios de la casa de Colonna, esperó la oportunidad de destruir a los de los Orsini; y habiéndosele presentado esta oportunidad afortunadamente, supo aprovecharla aún más afortunadamente. En efecto, los Orsini, habiendo reconocido un poco tarde que la expansión del Duque y de la Iglesia sería la causa de su ruina, celebraron una especie de dieta en un lugar de los estados de Perugia llamado el Magione; y de esta asamblea se siguieron la revuelta de Urbino, los problemas de Romaña e infinidad de peligros que el Duque superó con la ayuda de los franceses. Habiendo restablecido así su reputación, y no confiando ya ni en Francia ni en ninguna otra fuerza extranjera, recurrió a la astucia, y fue capaz de ocultar tan bien sus sentimientos que los Orsini se reconciliaron con él a través del señor Pagolo, a quien había asegurado con todas las muestras posibles de amistad, dándole ropa, dinero y caballos. Tras esta reconciliación, tuvieron la sencillez de ir a ponerse en sus manos en Sinigaglia.

Una vez destruidos estos líderes y ganados sus partidarios por el duque, éste había cimentado mejor su poder, ya que, además, como señor de Romaña y del ducado de Urbino, se había hecho querer por los habitantes dándoles una muestra de bienestar. Puesto que su conducta aún puede servir de ejemplo, vale la pena mencionarla aquí.

La Romaña, adquirida por el Duque, había sido gobernada anteriormente por hombres débiles que habían robado en lugar de gobernar, dividido en lugar de unir a sus súbditos, con el resultado de que todo el país era presa de hurtos, robos y violencias de todo tipo. El Duque decidió que, para restablecer la paz y la obediencia al Príncipe, era necesario formar un buen gobierno: así que nombró a Messer Ramiro d'Orco, hombre cruel y expeditivo, a quien dio los más amplios poderes. Pronto, en efecto, este gobierno puso orden y tranquilidad y, en consecuencia, adquirió muy alta reputación. Pero entonces el duque, pensando que tal autoridad ya no era necesaria, y que incluso podría llegar a ser odiosa, estableció un tribunal civil en el centro de la provincia, al que dio un muy buen presidente, y donde cada comuna tenía su propio abogado. Hizo mucho más: sabiendo que la dureza que había aplicado al principio había despertado cierto odio, y deseando apagar este sentimiento en el corazón de la gente para que le fueran enteramente devotos, quiso demostrar que si se habían cometido algunas crueldades, no habían venido de él, sino de la maldad de su ministro. Aprovechando la ocasión, lo hizo exponer una mañana en la plaza pública de Cesena, cortado en cuartos, con un taco y un alfanje ensangrentado a su lado. Este horrible espectáculo satisfizo el resentimiento de los habitantes y los aterrorizó al mismo tiempo. Pero volvamos.

Habiéndose dotado de las fuerzas que deseaba y habiendo destruido en gran parte a aquellos de sus vecinos que podían perjudicarle, el Duque, encontrándose muy poderoso, se creyó casi enteramente seguro contra los peligros presentes; y deseando proseguir sus conquistas, se vio aún frenado por la consideración de Francia: pues sabía que el Rey, que finalmente se había dado cuenta de su error, no le permitiría emprender tales empresas. En consecuencia, comenzó a buscar nuevas amistades y a prevaricar con los franceses, cuando marchaban hacia el reino de Nápoles contra los españoles, que estaban sitiando Gaëte; incluso planeó no ponerles en situación de frustrarle; y pronto lo habría conseguido, si Alejandro hubiera vivido más tiempo.

Tales eran sus medidas con respecto a la situación actual. Para el futuro, primero tuvo que temer que un nuevo Papa le tuviera mala disposición y tratara de arrebatarle lo que Alejandro, su padre, le había dado. Quería evitarlo por los siguientes cuatro medios: en primer lugar, extinguiendo por completo las razas de los señores que había desposeído, y no dejando así al papa las oportunidades que la existencia de estas razas le habría proporcionado; en segundo lugar, ganándose a los caballeros de Roma, para tener al pontífice en respeto a través de ellos; en tercer lugar, vinculándose, en la medida de sus posibilidades, al sagrado colegio; en cuarto lugar, haciéndose, antes de la muerte del papa que entonces vivía, lo bastante poderoso como para estar en condiciones de resistir por sí mismo un primer choque. Cuando Alejandro murió, tres de estas cosas se habían conseguido, y consideraba la cuarta más o menos completa. Había matado efectivamente a todos los señores despojados a los que había podido llegar, y muy pocos de ellos se le habían escapado; se había ganado a los caballeros romanos; se había hecho con un partido muy numeroso en el colegio sagrado; y por último, en cuanto a aumentar su poder, planeaba hacerse dueño de Toscana : lo que le parecía fácil, puesto que ya era señor de Perusa y Piombino, y había tomado bajo su protección la ciudad de Pisa, sobre la que iba a lanzarse, sin que le detuviera la consideración de Francia, que ya no se le imponía; pues ya los franceses habían sido despojados del reino de Nápoles por los españoles; de modo que todas las partes se vieron en la necesidad de buscar la amistad del duque. Después, Lucca y Siena tendrían que someterse inmediatamente, bien por miedo, bien por envidia de los florentinos, que entonces se quedarían sin recursos. Si hubiera llevado a cabo todo este plan (y lo habría hecho en el transcurso del año en que murió el Papa), se habría encontrado lo suficientemente fuerte y reputado como para mantenerse a sí mismo y depender sólo de su propio poder y valía. Pero la muerte de Alejandro se produjo cuando el duque sólo llevaba cinco años jurando su cargo, y en ese momento sólo se encontró con el Estado de Romaña bien asentado: en todos los demás, su poder era aún vacilante; se vio situado entre dos ejércitos enemigos y atacado por una enfermedad mortal.

Sin embargo, estaba dotado de tal resolución y gran valor, conocía tan bien el arte de ganar hombres y destruirlos, y los cimientos que había puesto para su poder eran tan sólidos que si no hubiera tenido dos ejércitos a sus espaldas, o si no hubiera estado enfermo, habría superado todas las dificultades. Y lo que prueba la solidez de los cimientos que había puesto es que la Romaña esperó más de un mes para decidirse contra él; es que, aunque medio muerto, permaneció a salvo en Roma, y que los Baglioni, los Vitelli y los Orsini, que se habían precipitado a la ciudad, fueron incapaces de formar un partido contra él; es que fue capaz, si no de hacer nombrar papa a quien él quería, al menos de impedir que fuera nombrado quien él no quería. Si su salud no se hubiera resentido en el momento de la muerte de Alejandro, todo le habría resultado fácil. También me dijo, en el momento del nombramiento de Julio II, que había pensado en todo lo que podía suceder si su padre moría, y que había encontrado remedio para todo; pero sólo que nunca había imaginado que en ese momento él mismo estaría en peligro de muerte.

Resumiendo la conducta del Duque, no sólo no encuentro nada que criticar en ella, sino que me parece que puede proponerse como modelo a todos aquellos que han alcanzado el poder soberano gracias al favor de la fortuna y a las armas de otros. Dotado de gran valor y ambición, no podía haber actuado de otro modo; y la ejecución de sus planes sólo pudo detenerse por la brevedad de la vida de su padre Alejandro y por su propia enfermedad. Quien, en un nuevo principado, considera necesario asegurarse contra sus enemigos, hacer amigos, vencer por la fuerza o por la astucia, hacerse amar y temer por el pueblo, seguir y respetar por los soldados, destruir a quienes pueden y deben perjudicarle, sustituir las viejas instituciones por otras nuevas, ser a la vez severo y gentil, magnánimo y liberal, formar una nueva milicia y disolver la antigua, ganarse la amistad de reyes y príncipes, de tal modo que todos amen obligarle y teman hacerle injusticia..: él, digo, no puede encontrar ejemplos más recientes que los que se encuentran en la vida política del duque de Valentinois.

Lo único que tenemos que criticar de su conducta es el nombramiento de Julio II, que fue una elección desastrosa para él. Puesto que no podía, como he dicho, hacer elegir papa a quien quisiera, sino impedir que fuera elegido quien no quisiera, nunca debió consentir la elevación al papado de uno de los cardenales a los que había ofendido, y que, convertido en Sumo Pontífice, habría tenido motivos para temerle; pues el resentimiento y el miedo son, sobre todo, lo que enemista a los hombres.

Aquellos a quienes el Duque había ofendido eran, entre otros, los Cardenales de Saint-Pierre ès liens, Colonna, Saint-Georges y Ascanio Sforza; y todos los demás tenían razones para temerle, excepto el Cardenal d'Amboise, y los españoles: estos últimos, a causa de ciertas relaciones y obligaciones recíprocas, y d'Amboise, porque tenía Francia para sí, lo que le daba un gran poder. Por ello, el duque prefirió que se nombrara a un español y, si no podía, consentir la elección de d'Amboise antes que la del cardenal de Saint-Pierre ès liens. Es un error imaginar que, en el caso de las grandes personas, los servicios recientes hacen olvidar los viejos insultos. El duque, al consentir esta elección de Julio II, cometió un error que fue la causa de su ruina total.

CAPÍTULO VIII. De los que han llegado a príncipes por canallas.

Hay otras dos maneras de convertirse en príncipe que no dependen enteramente de la fortuna o del valor, y que por lo tanto no deben pasarse por alto; hay incluso una que podría discutirse más extensamente si tratáramos aquí de repúblicas.

Estos dos caminos son, o bien ascender al poder soberano mediante la villanía y el crimen, o bien ser llevado a él por el favor de sus conciudadanos.

Para ilustrar el primero, que no pretendo examinar aquí desde el punto de vista de la justicia y la moral, me limitaré a citar dos ejemplos, uno antiguo y otro moderno, pues me parece que pueden bastar para quien se vea en la necesidad de imitarlos.

Agatocles, siciliano, ascendió no sólo desde el rango de ciudadano privado, sino desde el estado más abyecto hasta convertirse en rey de Siracusa. Hijo de un alfarero, demostró ser un villano en todas las etapas de su fortuna, pero combinó su villanía con tal fuerza de mente y cuerpo que, habiendo emprendido una carrera militar, ascendió de rango hasta la dignidad de pretor de Siracusa. Alcanzada esta elevación, quiso ser príncipe, e incluso poseer por la violencia, y sin estar obligado a nadie, el poder soberano que se le había concedido. Para alcanzar este objetivo, tras consultar con Amílcar, general cartaginés que mandaba un ejército en Sicilia, convocó una mañana al pueblo y al senado de Siracusa, como si fuera a deliberar sobre asuntos concernientes a la república; a una señal dada, hizo que sus soldados masacraran a todos los senadores y a los ciudadanos más ricos, tras lo cual se apoderó del principado, que retuvo sin disputa alguna. Después, vencido dos veces por los cartagineses y finalmente asediado por ellos en Siracusa, no sólo fue capaz de defenderla, sino que, dejando parte de sus tropas para sostener el asedio, fue con la otra a llevar la guerra a África; de modo que en poco tiempo pudo obligar a los cartagineses a levantar el asedio y reducirlos hasta las últimas extremidades: Así se vieron obligados a hacer la paz con él, a cederle la posesión de Sicilia y a contentarse con la de África.

Cualquiera que reflexione sobre la carrera y las acciones de Agatocles encontrará poco o nada que pueda atribuirse a la fortuna. De hecho, como acabo de decir, ascendió al poder supremo, no a través de favores, sino pasando por todos los rangos militares, que ganó sucesivamente a fuerza de duro trabajo y peligro; y cuando hubo alcanzado este poder, supo aferrarse a él mediante las resoluciones más audaces y peligrosas.

En verdad, no puede decirse que tenga valor alguno masacrar a los conciudadanos, traicionar a los amigos, carecer de fe, de piedad, de religión: se puede adquirir poder por tales medios, pero no gloria. Pero si consideramos el valor con el que Agatocles se precipitó dentro y fuera del peligro, la fortaleza con la que sufrió y superó la adversidad, no vemos ninguna razón por la que se le deba situar por debajo de los mejores capitanes. Sólo podemos admitir que su crueldad, su inhumanidad y sus muchas canalladas no nos permiten contarlo entre los grandes hombres. Limitémonos, pues, a concluir que ni a la fortuna ni a la virtud puede atribuirse la elevación que alcanzó sin ambas.

En nuestra época, durante el reinado de Alejandro VI, Oliverotto da Fermo, que había quedado huérfano en la infancia varios años antes, fue criado por un tío materno llamado Juan Fogliani, y desde su más tierna juventud se formó en la profesión de las armas bajo la disciplina de Paolo Vitelli, de modo que, formado en tan buena escuela, pudo alcanzar un alto rango militar. Tras la muerte de Paolo, continuó sirviendo a las órdenes de Vitelozzo, hermano de su primer maestro. Pronto, gracias a su talento, fuerza física e intrépido valor, se convirtió en uno de los oficiales más distinguidos del ejército. Pero como le parecía que había servilismo en estar bajo las órdenes y a sueldo de otros, formó el proyecto de hacerse señor de Fermo, tanto con la ayuda de algunos ciudadanos que preferían la esclavitud a la libertad de su patria, como con el apoyo de Vitelozzo. Con este propósito, escribió a Juan Fogliani que, habiendo estado lejos de sí mismo y de su patria durante muchos años, deseaba ir a verlos de nuevo, y al mismo tiempo ver un poco de su herencia; que, además, puesto que toda su obra sólo tenía por objeto el honor, y puesto que quería que sus conciudadanos vieran que no había gastado su tiempo en vano, se proponía ir a mostrarse ante ellos con cierta pompa, acompañado de un centenar de sus amigos y criados a caballo; que, por lo tanto, le pediría que dispusiera lo necesario para que el pueblo de Fermo le diera una recepción honorable, ya que esto no sólo le daría gloria a él, sino también a su tío, de quien era discípulo. Juan Fogliani hizo todo lo posible para complacer a su sobrino. Lo hizo recibir honorablemente por los habitantes; lo alojó en su casa, donde, después de pasar unos días haciendo los preparativos necesarios para la realización de sus crímenes, Oliverotto dio un magnífico banquete, al que invitó tanto a Juan Fogliani como a los ciudadanos más distinguidos de Fermo. Después de todos los servicios y agasajos que tienen lugar en tales fiestas, dirigió hábilmente la conversación hacia temas serios, hablando de la grandeza del papa Alejandro y de su hijo César, así como de sus empresas. Habiendo expresado Juan Fogliani y los demás su opinión sobre este tema, se levantó de repente, diciendo que eran asuntos que debían tratarse en un lugar más apartado; y pasó a otra sala, donde le siguieron los invitados. Pero en cuanto se sentaron, unos soldados salieron de varios lugares secretos y los mataron a todos, junto con Juan Fogliani. Inmediatamente después de este asesinato, Oliverotto montó en su caballo, recorrió el país y fue a sitiar al magistrado supremo en su palacio, de modo que el miedo obligó a todos a obedecerle y a formar un gobierno del que se hizo príncipe. Además, habiendo dado muerte a todos los que podían perjudicarle con su descontento, consolidó de tal modo su poder mediante nuevas instituciones civiles y militares que, durante el año que lo detentó, no sólo vivió seguro en su casa, sino que se hizo formidable para sus vecinos; Y no habría sido menos difícil de derrotar que Agatocles, si no se hubiera dejado engañar por César Borgia, y atraído a Sinigaglia, donde, un año después del parricidio que había cometido, fue apresado con los Orsini y los Vitelli, como he dicho más arriba, y estrangulado, junto con Vitelozzo, su maestro de guerra y villanía.

Alguien puede preguntarse por qué Agatocles, o algún otro tirano similar, pudo, a pesar de infinidad de traiciones y crueldades, vivir largo tiempo a salvo en su patria, defenderse de sus enemigos exteriores y no tener que combatir ninguna conspiración formada por sus conciudadanos; mientras que muchos otros, por haber sido crueles, no pudieron mantenerse ni en tiempos de guerra ni en tiempos de paz. Creo que la razón de esto radica en el buen o mal uso de la crueldad. Las crueldades se usan bien (si es que la palabra bien puede aplicarse alguna vez a lo que es malo) cuando se cometen de una vez, por la necesidad de proveer a la propia seguridad, cuando no se persiste en hacerlo y cuando se convierten, en la medida de lo posible, en una ventaja para los súbditos. En cambio, se abusa de ellos cuando, aunque en principio sean pocos, se multiplican con el tiempo en lugar de cesar.

Quien la usa bien puede, como Agatocles, con la ayuda de Dios y de los hombres, remediar las consecuencias; pero para quien la usa mal, es imposible mantenerse.

Sobre este punto, conviene observar que el que usurpa un Estado debe determinar y ejecutar de una vez todas las crueldades que va a cometer, para no tener que volver a ellas todos los días, y para que, evitando repetirlas, pueda tranquilizar a los espíritus y ganárselos con beneficios. El que, por timidez o por mal consejo, se comporta de otro modo, se ve obligado a tener siempre la espada en la mano, y nunca puede contar con sus súbditos, constantemente inquietos por los insultos constantes y recientes. Las crueldades deben cometerse todas a la vez, para que su amargura se sienta menos e irriten menos; los beneficios, en cambio, deben sucederse lentamente, para que se saboreen más.

En todos los asuntos, el príncipe debe comportarse con sus súbditos de tal manera que no se vea que varía según las circunstancias buenas o malas. Si espera a verse obligado por la necesidad a hacer el mal o el bien, sucederá o bien que ya no estará a tiempo de hacer el mal, o bien que el bien que haga no le beneficiará en absoluto; pues se pensará que lo hizo a la fuerza, y no se le agradecerá.

CAPÍTULO IX. El principado civil.

Pasemos ahora al individuo que se ha convertido en príncipe de su país, no por villanía o violencia atroz, sino por el favor de sus conciudadanos: esto es lo que puede llamarse un principado civil, que se consigue no sólo por habilidad o virtud, sino más bien por destreza.

A este respecto, yo diría que uno es elevado a este tipo de principado o bien por el favor del pueblo o bien por el de los grandes. De hecho, en todos los países hay dos actitudes opuestas: por un lado, el pueblo no quiere ser mandado ni oprimido por los grandes; por otro, los grandes desean mandar y oprimir al pueblo; y estas actitudes opuestas producen uno de estos tres efectos: principado, libertad o licencia.

El principado también puede ser obra de los grandes o del pueblo, según la ocasión. Cuando los grandes ven que no pueden resistir al pueblo, recurren al crédito y ascendiente de uno de ellos y lo convierten en príncipe para que, bajo la sombra de su autoridad, puedan satisfacer sus ambiciosos deseos; del mismo modo, cuando el pueblo no puede resistir a los grandes, deposita toda su confianza en un individuo y lo convierte en príncipe para poder ser defendido por su poder.

El príncipe elevado por los grandes tiene más dificultades para mantener su posición que el que debe su elevación al pueblo. El primero, en efecto, se encuentra rodeado de hombres que se creen sus iguales, y a los que, por tanto, no puede mandar ni manejar a su antojo; el segundo, en cambio, se encuentra solo en su posición, y no tiene a nadie a su alrededor, o casi nadie, que no esté dispuesto a obedecerle. Además, apenas es posible complacer a los grandes sin alguna injusticia, sin algún insulto a los demás; pero no puede decirse lo mismo del pueblo, cuyo objetivo es más equitativo que el de los grandes. Estos últimos quieren oprimir, y el pueblo sólo quiere no ser oprimido. Es cierto que si el pueblo se convierte en enemigo, el príncipe no puede estar seguro de ello, porque la multitud es demasiado grande; mientras que, por el contrario, le es muy fácil hacerlo con respecto a los grandes, que son siempre pocos en número. Pero, en el peor de los casos, todo lo que puede temer del pueblo es ser abandonado por él, mientras que aún debe temer que los nobles actúen contra él; porque, al tener más previsión y habilidad, siempre saben cómo proveerse de medios de salvación desde lejos, y buscan ganarse el favor del partido en el que esperan que se mantenga la victoria. Observemos, además, que el pueblo con el que debe convivir el príncipe es siempre el mismo, y que no puede cambiarlo; pero que, en cuanto a los grandes, el cambio es fácil; que puede hacerlos o deshacerlos cada día; que puede, según le plazca, aumentar o disminuir su crédito: sobre lo cual puede ser útil dar aquí algunas aclaraciones.

Digo, pues, que, en relación con los grandes, hay que hacer una primera y principal distinción entre aquellos cuya conducta demuestra que apegan su fortuna enteramente a la del príncipe, y aquellos que actúan de otro modo.

A los primeros hay que honrarlos y apreciarlos, siempre que no sean proclives al pillaje; en cuanto a los otros, hay que hacer otra distinción. Si hay quienes actúan así por debilidad y falta natural de valor, pueden ser empleados, especialmente si, además, son hombres de buen consejo, porque el príncipe se siente honrado por ellos en tiempos prósperos y no tiene nada que temer de ellos en la adversidad. Pero para aquellos que saben bien lo que hacen, y que están determinados por miras ambiciosas, es obvio que piensan más en sí mismos que en el príncipe. Por lo tanto, éste debe desconfiar de ellos y considerarlos como si fueran sus enemigos declarados; porque, en caso de adversidad, contribuirán infaliblemente a provocar su ruina.

Para concluir, he aquí la consecuencia de todo lo que se acaba de decir. El que se convierte en príncipe por el favor del pueblo debe esforzarse por conservar su amistad, lo cual es fácil, ya que el pueblo no pide otra cosa que no ser oprimido. En cuanto al que se convierte en príncipe por el favor de los nobles, en contra de la voluntad del pueblo, debe en primer lugar tratar de ganárselo, y esto también es fácil, ya que basta con tomarlo bajo su protección. Incluso entonces el pueblo le será más sumiso y más devoto que si el principado lo hubiera obtenido por su favor; porque cuando los hombres reciben algún bien de aquel de quien sólo esperaban males, son mucho más agradecidos. Sólo repetiré que es absolutamente necesario que un príncipe cuente con la amistad de su pueblo, y que si no la tiene, carece de todos los recursos en la adversidad.

Nabis, príncipe de Esparta, estaba asediado por toda Grecia y por un ejército romano que ya había obtenido varias victorias, y para resistir y defender su patria y su poder contra tales fuerzas, tuvo que contar, en tan gran peligro, sólo con un número muy reducido de personas; lo que, sin duda, no le habría bastado ni mucho menos, si hubiera tenido en su contra la enemistad del pueblo.

Que nadie se oponga al proverbio común: Quien se apoya en el pueblo se apoya en el barro. Esto es cierto para un individuo que se apoya en tal fundamento, y que cree que si es oprimido por sus enemigos o por los magistrados, el pueblo abrazará su defensa; su esperanza se verá a menudo defraudada, como lo fue la de los Gracos en Roma y la de Messer Giorgio Scali en Florencia. Sin embargo, si el príncipe en cuestión tiene derecho a mandar, es un hombre de corazón, no se desanima en la adversidad, no ha dejado de tomar otras medidas apropiadas y sabe dominar a sus súbditos mediante su firmeza, no se verá defraudado, y verá que apoyándose en el pueblo ha construido su posición sobre una base muy sólida.

Los príncipes en cuestión sólo están realmente en peligro cuando quieren convertir el poder civil en poder absoluto, ya sea ejerciéndolo ellos mismos o a través de magistrados. Pero en este último caso, son más débiles y corren mayor peligro, porque dependen de la voluntad de los ciudadanos a quienes se confían las magistraturas, y que, sobre todo en tiempos de adversidad, pueden destruir muy fácilmente la autoridad del príncipe, ya sea actuando contra él o simplemente no obedeciéndole. En vano querría entonces este príncipe reanudar el ejercicio de su poder para sí solo, ya no sería el momento, porque los ciudadanos y súbditos, acostumbrados a recibir órdenes de boca de los magistrados, no estarían dispuestos, en los momentos críticos, a obedecer las que él mismo diera. Por eso, en estos tiempos inciertos, siempre le resultará muy difícil encontrar amigos en los que confiar.

Un príncipe así no debe regular lo que sucede en tiempos de tranquilidad y cuando los ciudadanos necesitan de su autoridad: Pero en tiempos de adversidad, cuando necesita de todos los ciudadanos, encontrará muy pocos que estén dispuestos a defenderlo: esto es lo que la experiencia le demostraría; pero esta experiencia es tanto más peligrosa de intentar cuanto que sólo puede hacerse una vez. El príncipe debe, por tanto, si está dotado de alguna sabiduría, idear y establecer un sistema de gobierno tal que en cualquier momento, y a pesar de todas las circunstancias, los ciudadanos le necesiten: entonces estará siempre seguro de encontrarlos leales.

CAPÍTULO X. Cómo, en cualquier clase de principado, uno debe medir sus fuerzas.

Al hablar de las diversas clases de principados, hay aún otra cosa que considerar: si el príncipe tiene un estado lo suficientemente poderoso como para poder, en caso necesario, defenderse por sí mismo, o si siempre es necesario que sea defendido por otro.

Para aclarar mi pensamiento, considero que los príncipes que disponen de suficientes hombres y suficiente dinero para formar un ejército completo y combatir a cualquiera que venga a atacarles son capaces de defenderse por sí mismos; en cambio, considero que los que no tienen medios para iniciar una campaña contra el enemigo y se ven obligados a refugiarse dentro de sus murallas y defenderse allí, necesitan siempre la ayuda de los demás.

Ya he hablado de lo primero, y en lo que sigue diré algunas palabras más sobre lo que ocurrirá con lo segundo.

En cuanto a los demás, todo lo que puedo decirles es exhortarles a que provean bien, a que fortifiquen bien la ciudad donde está establecida la sede de su poder, y a que no tengan en cuenta el resto del país. Siempre que un príncipe haya provisto vigorosamente para la defensa de su capital y se haya ganado el afecto de sus súbditos mediante los demás actos de su gobierno, como he dicho y volveré a decir, sólo debe ser atacado con gran circunspección; porque a los hombres en general no les gustan las empresas que presentan grandes dificultades; y sin duda hay muchos que atacarían a un príncipe cuya ciudad esté en un respetable estado de defensa y que no sea odiado por sus súbditos.

Las ciudades de Alemania gozan de una gran libertad, a pesar de que sólo poseen un territorio muy pequeño; sin embargo, obedecen al emperador sólo en la medida que les place, y no temen ni su poder ni el de ninguno de los demás estados que las rodean: están fortificados de tal manera que su asedio sería una operación difícil y peligrosa; están todos rodeados de fosos y buenas murallas, y disponen de artillería suficiente; siempre tienen provisiones para un año de comida, bebida y combustible en las tiendas públicas; Incluso tienen materiales suficientes para sostener al pueblo llano, sin ninguna pérdida para el público, para proporcionarles trabajo durante todo un año en el tipo de industria y comercio al que habitualmente se dedican, y que constituye la riqueza y la vida del país; además, mantienen los ejercicios militares en honor, y tienen un gran número de reglamentos sobre este tema.

Así pues, un príncipe cuya ciudad esté bien fortificada y que no sea odiado por sus súbditos, no debe temer ser atacado; y si lo fuera, el atacante retrocedería avergonzado, pues las cosas de este mundo son cambiantes, y difícilmente puede un enemigo permanecer acampado con sus tropas alrededor de un lugar durante todo un año.

Si se me objetara que los habitantes que tienen sus bienes fuera no los verían entregados a las llamas con ojo tranquilo; que el aburrimiento del asedio y sus intereses personales no les dejarían pensar mucho en el príncipe, respondería que un príncipe poderoso y valeroso siempre podrá superar estas dificultades, bien haciendo esperar a sus súbditos que el mal no será duradero, bien haciéndoles temer la crueldad del enemigo, bien asegurándose prudentemente de aquellos a quienes considere demasiado audaces.

Además, si el enemigo incendia y devasta el país, naturalmente debe ser en el momento de su llegada, es decir, en un momento en que los espíritus están todavía todos encendidos y dispuestos a defenderse: el príncipe debe, pues, alarmarse tanto menos en esta circunstancia, cuanto que cuando estos mismos espíritus hayan comenzado a enfriarse, se encontrará que el daño ya ha sido hecho y sufrido, que ya no hay remedio, y que los habitantes no harán más que encariñarse más con su príncipe, por la idea de que tiene con ellos una deuda de gratitud por el hecho de que sus casas hayan sido incendiadas y sus campos asolados en su defensa. Tal es la naturaleza de los hombres, de hecho, que se encariñan tanto por los servicios que prestan como por los que reciben. Así pues, consideradas todas las cosas, no debería ser difícil para un príncipe prudente, sitiada su ciudad, inspirar firmeza a los habitantes y mantenerlos en esta actitud mientras dispongan de medios para alimentarse y defenderse.

CAPÍTULO XI. Principados Eclesiásticos.

Queda ahora hablar de los principados eclesiásticos, en relación con los cuales no hay más dificultad que la de obtener la posesión. En efecto, se adquieren o por el favor de la fortuna o por el ascendiente de la virtud; pero después, para conservarlos, no se necesita ni lo uno ni lo otro: porque los príncipes se apoyan en las antiguas instituciones religiosas, cuyo poder es tan grande y cuya naturaleza es tal, que los mantienen en el poder, sea cual fuere la forma en que gobiernen y se conduzcan.

Sólo estos príncipes tienen estados, y no los defienden; tienen súbditos, y no los gobiernan. Sin embargo, sus estados, aunque no son defendidos, no les son arrebatados; y sus súbditos, aunque no son gobernados, no son perturbados por ellos, ni desean o pueden desprenderse de ellos. Por lo tanto, estos principados están libres de peligros y son felices. Pero como esto se debe a causas superiores, a las que la mente humana no puede elevarse, no hablaré de ellos. Es Dios quien los levanta y los mantiene, y cualquier hombre que emprendiera discutirlos sería culpable de presunción y temeridad.

Sin embargo, si alguien se pregunta por qué la Iglesia se ha elevado a tal grandeza temporal, y por qué, antes de Alejandro VI y hasta él, todos los que tenían algún poder en Italia, y no sólo los príncipes, sino también los menores barones y los menores señores, temían tan poco su poder en la esfera temporal, ella ha venido ahora a hacer temblar al rey de Francia, a expulsarlo de Italia y a arruinar a los venecianos; Aunque todo el mundo lo sabe, no parece inútil recordarlo aquí hasta cierto punto.

Antes de que Carlos VIII, rey de Francia, llegara a Italia, el país estaba bajo el dominio del Papa, los venecianos, el rey de Nápoles, el duque de Milán y los florentinos. Cada una de estas potencias tenía dos preocupaciones principales: una era impedir que ningún extranjero introdujera sus armas en Italia; la otra, impedir que ninguno de ellos ampliara sus estados. En cuanto a este segundo punto, había que vigilar sobre todo al Papa y a los venecianos. Para contener a estos últimos, era necesario que todas las demás potencias permanecieran unidas, como sucedió durante la defensa de Ferrara; y, por lo que respecta al Papa, se recurrió a los barones de Roma, que, divididos en dos facciones, la de los Orsini y la de los Colonna, agitaban continuamente los tumultos, tenían siempre las armas en la mano bajo los mismos ojos del pontífice y mantenían constantemente su poder débil y vacilante. De vez en cuando, hubo algunos papas resueltos y valientes, como Sixto IV, pero nunca fueron lo suficientemente hábiles o afortunados para librarse de las desafortunadas vergüenzas que tuvieron que sufrir. Además, encontraron un nuevo obstáculo en la brevedad de sus reinados: pues, en un intervalo de diez años, que es la duración media de los reinados de los papas, apenas era posible acabar completamente con una de las facciones que dividían Roma; y si, por ejemplo, un papa había acabado con los Colonna, llegaba otro y los resucitaba, porque era enemigo de los Orsini; pero este papa, a su vez, no tenía el tiempo necesario para destruir a los Orsini. Por eso Italia respetaba tan poco el poder temporal del Papa.

Finalmente vino Alejandro VI, que, de todos los pontífices que han existido, es el que mejor ha demostrado lo que podía hacer un papa para aumentar su poder con los tesoros y las armas de la Iglesia. Aprovechando la invasión de los franceses, y sirviéndose de un instrumento como el duque de Valentinois, hizo todo lo que he descrito anteriormente al hablar de las acciones de este último. Su objetivo, sin duda, no era el engrandecimiento de la Iglesia, sino el del Duque; no obstante, sus esfuerzos beneficiaron a la Iglesia, que, tras su muerte y la ruina del Duque, heredó los frutos de sus trabajos.

Poco después reinó Julio II, quien, viendo que la Iglesia era poderosa y dueña de toda Romaña; que los barones habían sido destruidos, y sus facciones aniquiladas por los rigores de Alejandro; no sólo quiso seguir sus pasos, sino ir más allá, y se propuso adquirir Bolonia, destruir a los venecianos y expulsar a los franceses de Italia; empresas en las que triunfó con mayor gloria, puesto que las había emprendido, no por su interés personal, sino por el de la Iglesia.

Además, fue capaz de contener a los partidos de los Colonna y los Orsini dentro de los límites a los que Alejandro había conseguido reducirlos; y, aunque todavía había algunas semillas de discordia entre ellos, sin embargo tuvieron que permanecer tranquilos, en primer lugar porque la grandeza de la Iglesia se lo imponía; y, en segundo lugar, porque no tenían cardenales entre ellos. De hecho, es a los cardenales a quienes hay que culpar de los tumultos, y las partes nunca estarán tranquilas mientras haya cardenales de por medio: son ellos quienes fomentan las facciones, ya sea en Roma o fuera de ella, y quienes obligan a los barones a apoyarlas; de modo que las disensiones y disturbios que estallan entre los barones son obra de la ambición de los prelados.

Así, pues, es como el Papa León X llegó a encontrar todopoderoso el Papado; y es de esperar que si sus predecesores lo engrandecieron con sus armas, él lo hará aún más grande y venerable con su bondad y todas sus demás virtudes.

CAPÍTULO XII. Cuantas clases de milicias y tropas mercenarias hay.

He hablado de las cualidades peculiares de las diversas clases de principados que me proponía discutir; he examinado algunas de las causas de su mal o de su bienestar; he mostrado los medios de que muchos se han valido, ya para adquirirlos, ya para conservarlos: me resta ahora considerarlos desde el punto de vista del ataque y de la defensa.

Dije más arriba cuán necesario es para un príncipe que su poder se asiente sobre buenos cimientos, sin los cuales no puede dejar de derrumbarse. Ahora bien, para cualquier estado, ya sea antiguo, nuevo o mixto, los fundamentos principales son las buenas leyes y las buenas armas. Pero, puesto que donde no hay buenas armas no puede haber buenas leyes, y puesto que, por el contrario, hay buenas leyes donde hay buenas armas, es sólo de las armas de lo que pretendo hablar aquí.

Por eso digo que las armas que un príncipe puede utilizar para la defensa de su Estado son las suyas propias, o son mercenarias, auxiliares o mixtas, y que los mercenarios y auxiliares no sólo son inútiles, sino incluso peligrosos.

Un príncipe cuyo poder se sustenta únicamente en tropas mercenarias nunca estará seguro ni en paz, pues tales tropas son desunidas, ambiciosas, indisciplinadas, infieles, audaces con los amigos, cobardes contra los enemigos; y no tienen ni temor de Dios ni probidad para con los hombres. Será sólo cuestión de tiempo que el príncipe se arruine en la medida en que demoremos en atacarlo. En tiempos de paz, será robado por estas mismas tropas; en tiempos de guerra, será robado por el enemigo.

La razón de esto es que tales soldados sirven sin ningún afecto, y sólo están obligados a portar armas por un pequeño salario; un motivo que sin duda es incapaz de determinarles a morir por la persona que les emplea. Están dispuestos a ser soldados mientras no haya guerra, pero en cuanto ésta llega sólo saben huir y desertar.

Esto es lo que me costaría poco convencer. Es evidente, en efecto, que la ruina actual de Italia se debe al hecho de que, durante un largo período de años, se ha apoyado en tropas mercenarias, que algunos habían empleado al principio con cierto éxito, y que habían parecido valerosas mientras sólo habían tenido que vérselas entre sí, pero que, en cuanto llegaba un extranjero, se mostraban como lo que realmente eran. De aquí se deduce que Carlos VIII, rey de Francia, pudo apoderarse de Italia con la tiza en la mano[5]; y tenía razón quien decía que nuestros pecados eran la causa; pero estos pecados eran los que acabo de describir, no los que él pensaba. Estos pecados, además, habían sido cometidos por los príncipes, y fueron ellos también quienes sufrieron la pena.

Sin embargo, quiero demostrar cada vez más la desgracia ligada a este tipo de armas. Los capitanes mercenarios son buenos guerreros o no lo son: si lo son, no se puede confiar en ellos, porque sólo tienden a su propia grandeza, oprimiendo al príncipe que los emplea o a otros en contra de su voluntad; si no lo son, aquel a quien sirven se arruina pronto.

Si se dice que ésta sería también la conducta de cualquier otro caudillo, mercenario o no, yo respondería que la guerra la hace o un príncipe o una república; que el príncipe debe ir en persona a desempeñar las funciones de comandante; y que la república debe enviar a sus propios ciudadanos: que si al principio el que ha elegido no se muestra hábil, debe cambiarlo; y que si es hábil debe refrenarlo con las leyes, de tal manera que no traspase los límites de su encargo.

La experiencia ha demostrado que los príncipes y las repúblicas que hacen la guerra sólo con sus propias fuerzas consiguen grandes éxitos, y que las tropas mercenarias nunca causan más que perjuicios. También demuestra que una república que utiliza sus propias armas corre mucho menos riesgo de ser subyugada por uno de sus ciudadanos que una que utiliza armas extranjeras.

Durante muchos siglos, Roma y Esparta fueron libres y estuvieron armadas; Suiza, cuyos habitantes son todos soldados, es perfectamente libre.

En cuanto a las tropas mercenarias, podemos citar el antiguo ejemplo de los cartagineses, quienes, tras su primera guerra contra Roma, estuvieron a punto de ser oprimidos por las tropas que tenían a su servicio, a pesar de que estaban mandadas por ciudadanos de Cartago.

También hay que señalar que, tras la muerte de Epaminondas, los tebanos confiaron el mando de sus tropas a Filipo de Macedonia, y que este príncipe aprovechó la victoria para arrebatarles la libertad.

En tiempos modernos, los milaneses, a la muerte de su duque Felipe Visconti, estaban en guerra con los venecianos; tomaron a Francesco Sforza a su servicio: tras derrotar a los enemigos en Carravaggio, se unió a ellos para oprimir a los mismos milaneses que lo habían tomado a su servicio.

El padre de esta misma Sforza, estando al servicio de la reina Juana de Nápoles, la había dejado repentinamente sin tropas, de modo que, para no perder su reino, esta princesa se había visto obligada a arrojarse en brazos del rey de Aragón.

Si los venecianos y los florentinos, al emplear tales tropas, aumentaron, no obstante, sus Estados, y si los comandantes, en lugar de subyugarlos, los defendieron, respondo, por lo que respecta a los florentinos, que fueron deudores de su buena fortuna, que hizo que, de todos los hábiles generales que tenían y podían temer, algunos no salieran victoriosos; otros tropezaron con obstáculos; otros desviaron sus ambiciones hacia otra parte.

Uno de los primeros fue Giovanni Acuto, cuya lealtad, por el mero hecho de no haber vencido, no fue puesta a prueba; pero hay que admitir que, de haber vencido, los florentinos habrían quedado a su discreción.

A Sforza le molestaba la rivalidad de los Braccio, por lo que se mantenían mutuamente a raya.

Finalmente, Francesco Sforza y Braccio dirigieron sus ambiciosas miras, uno hacia Lombardía, el otro hacia la Iglesia y el reino de Nápoles.

Pero veamos lo que ha ocurrido hace poco.

Los florentinos habían elegido como general a Paolo Vitelli, un hombre de gran habilidad que había ascendido desde la posición de soldado raso hasta alcanzar una gran reputación. Ahora bien, si este general hubiera logrado hacerse dueño de Pisa, nos vemos obligados a admitir que se habrían encontrado bajo su dependencia; pues si se pasaba a sueldo de sus enemigos, no les quedaban recursos; y si continuaban manteniéndolo a su servicio, se veían obligados a someterse a sus deseos.

En cuanto a los venecianos, si consideramos atentamente sus progresos, veremos que actuaron feliz y gloriosamente mientras hicieron la guerra por su cuenta, es decir, antes de haber dirigido sus empresas hacia tierra firme. En aquellos primeros tiempos, eran los caballeros y los ciudadanos armados quienes combatían; pero tan pronto como empezaron a llevar sus armas a tierra firme, degeneraron de esta antigua virtud y siguieron las costumbres de Italia. Al principio, y en el principio de su expansión, siendo su dominio pequeño y su reputación muy grande, tenían poco que temer de sus comandantes; pero, a medida que su estado crecía, pronto experimentaron el efecto del error común: esto ocurrió bajo Carmignuola. Habiéndose dado cuenta de su gran valor por las victorias que había obtenido bajo su mando sobre el duque de Milán, pero viendo, por otra parte, que ahora sólo hacía la guerra muy fríamente, juzgaron que ya no podrían seguir ganando mientras él viviera; pues no querían ni podían despedirlo por miedo a perder lo que habían conquistado; y en consecuencia se vieron obligados, por su propia seguridad, a hacerlo matar.

Más tarde, fueron comandados por Bartolommeo de Bérgamo, Roberto da San Severino, el conde de Pittigliano y otros capitanes similares. Pero todos ellos dieron muchos menos motivos para temer sus victorias que derrotas similares a la de Vailà, que en un solo día hizo perder a los venecianos el fruto de ochocientos años de trabajo; pues, con las tropas en cuestión, los progresos son lentos, tardíos y débiles, mientras que las pérdidas son repentinas y prodigiosas.

Pero, ya que vengo a citar ejemplos tomados de Italia, donde el sistema de tropas mercenarias ha prevalecido durante muchos años, quiero empezar de nuevo en un nivel superior, para que, informados del origen y progreso de este sistema, podamos remediarlo mejor.

Hay que señalar, por tanto, que cuando el Imperio empezó a ser expulsado de Italia en los últimos tiempos, y el Papa ganó más crédito en asuntos temporales, se dividió en un gran número de estados. Varias grandes ciudades se levantaron en armas contra sus nobles, que las oprimían bajo la sombra de la autoridad imperial, y se independizaron, medida favorecida por la Iglesia, que pretendía aumentar el crédito ganado. En varias otras ciudades, el poder supremo fue usurpado u obtenido por algún ciudadano que se erigió en príncipe. Como resultado, la mayor parte de Italia se encontró bajo la dependencia y, en cierto modo, bajo la dominación de la Iglesia o de alguna república; y como los sacerdotes, pacíficos ciudadanos, no tenían conocimiento del uso de las armas, empezaron a pagar a extranjeros. El primero en introducir este tipo de milicia fue Alberigo da Como, natural de Romaña: Bajo su disciplina se formaron, entre otros, Braccio y Sforza, que fueron, en su tiempo, los árbitros de Italia, y tras ellos vinieron sucesivamente todos los que, hasta nuestros días, han tenido en sus manos el mando de sus ejércitos; y todo el fruto que esta desdichada región ha cosechado del valor de todos estos guerreros, ha sido verse tomada a la fuga por Carlos VIII, asolada por Luis XII, subyugada por Fernando e insultada por los suizos.

El camino que siguieron para afianzar su reputación fue menospreciar a la infantería. Esto se debió, por un lado, a que un pequeño número de soldados de infantería no les habría granjeado mucho respeto y, por otro, a que, al carecer de Estado y subsistir únicamente de su industria, no disponían de medios para mantener a muchos de ellos. Por lo tanto, se limitaron a la caballería, cuya mediocre cantidad les bastaba para ser bien pagados y honrados: como resultado, las cosas habían llegado al punto de que, en un ejército de veinte mil hombres, no había ni dos mil de infantería.

Además, empleaban todo tipo de medios para ahorrarse a sí mismos y a sus soldados cualquier fatiga o peligro: No se mataban unos a otros en la batalla y se limitaban a hacer prisioneros a los que devolvían sin rescate; si sitiaban un lugar, no hacían ataques nocturnos; y los sitiados, por su parte, no aprovechaban la oscuridad para hacer incursiones; no construían fosos ni empalizadas alrededor de su campamento; por último, nunca mantenían el campo durante el invierno. Todo esto estaba en consonancia con su disciplina militar, un orden que habían ideado a propósito para evitar el peligro y el trabajo duro, pero que también utilizaban para llevar a Italia a la esclavitud y la degradación[6].

CAPÍTULO XIII. Tropas auxiliares, mixtas y limpias.

Las armas auxiliares, de las que hemos dicho que son igualmente inútiles, son las de algún Estado poderoso a las que otro Estado pide ayuda y defensa. Así, en tiempos recientes, el papa Julio II, habiendo hecho la triste experiencia de las armas mercenarias en su empresa contra Ferrara, recurrió a los auxiliares y negoció con Fernando, rey de España, para que éste le ayudara con sus tropas.

Las armas de este tipo pueden ser buenas en sí mismas, pero siempre son perjudiciales para quien las invoca; porque si son derrotadas, él mismo es derrotado, y si son victoriosas, sigue dependiendo de ellas.

Hay muchos ejemplos de esto en la historia antigua, pero veamos por un momento el caso reciente de Julio II.

Fue sin duda una decisión poco meditada por su parte rendirse a un extranjero para tomar Ferrara. Si no sufrió todas las desastrosas consecuencias, fue gracias a su buena estrella, que le preservó de ellas por un accidente que ella misma provocó: sus auxiliares fueron derrotados en Rávena, y luego vinieron los suizos, que, contra todo pronóstico, expulsaron a los vencedores; de modo que no quedó prisionero ni de estos últimos, que eran sus enemigos, ni de sus auxiliares, que finalmente se encontraron victoriosos sólo gracias a las armas de otros.

Los florentinos, al verse desarmados, tomaron a diez mil franceses a su servicio y los condujeron a Pisa, de la que querían apoderarse, exponiéndose así a un peligro mayor que el que habían afrontado durante sus mayores adversidades.

Para resistir a sus enemigos, el emperador de Constantinopla introdujo en Grecia diez mil turcos que, cuando terminó la guerra, no quisieron retirarse: fue esta desastrosa medida la que empezó a doblegar a los griegos bajo el yugo de los infieles.

Si quieres hacerte impotente para vencer, emplea tropas auxiliares, que son aún más peligrosas que los mercenarios. Con los primeros, de hecho, tu ruina está preparada, pues estas tropas están todas unidas y todas entrenadas para obedecer a alguien que no eres tú; mientras que, en cuanto a los mercenarios, para que puedan actuar contra ti y perjudicarte después de haberte conquistado, necesitan tanto más tiempo como una oportunidad más favorable: no forman un solo cuerpo; eres tú quien los ha reunido, eres tú quien les paga. Sea cual sea el líder que les hayas dado, no es posible que tome inmediatamente tal autoridad sobre ellos que pueda usarla contra ti. En una palabra, lo que hay que temer de las tropas mercenarias es su cobardía; con las tropas auxiliares, es su valor. Por eso los príncipes sabios siempre han sido reacios a emplear estos dos tipos de tropas, prefiriendo sus propias fuerzas, prefiriendo ser derrotados con ellas que victoriosos con las de otros, y no considerando como una verdadera victoria aquella por la que puedan ser deudores de fuerzas extranjeras.

No dudo en citar a César Borgia y su forma de actuar. Este duque entró en Romaña con fuerzas auxiliares compuestas en su totalidad por tropas francesas, con las que tomó Imola y Forli; pero juzgando pronto que tales fuerzas no eran muy seguras, recurrió a mercenarios, en los que veía menos peligro; y, en consecuencia, tomó a su sueldo a los Orsini y a los Vitelli. Sin embargo, cuando los empleó, descubrió que eran inseguros, infieles y peligrosos, por lo que decidió destruirlos y utilizar sólo sus propias fuerzas.

La diferencia entre estos diferentes tipos de armas quedó claramente demostrada por la diferencia entre la reputación que tenía el Duque cuando utilizaba los Orsini y los Vitelli, y la reputación de la que gozaba cuando confiaba únicamente en sí mismo y en sus propios soldados: esta reputación crecía constantemente, y nunca fue tan apreciado como cuando todo el mundo le veía como el maestro absoluto de sus armas.

Quería limitarme a los ejemplos recientes proporcionados por Italia, pero no puedo pasar en silencio el de Hierón de Siracusa, del que ya he hablado. Cuando los siracusanos le pusieron al frente de su ejército, pronto se dio cuenta de la inutilidad de las tropas mercenarias que pagaban, cuyos jefes se parecían en todo a los condottieri que teníamos en Italia. Convencido, además, de que seguramente no podría mantener a estos líderes ni despedirlos, tomó la decisión de hacerlos despedazar; después, hizo la guerra con sus propias armas y no con las de otros.

Permítanme recordar aquí una historia que se encuentra en el Antiguo Testamento, que puede ser considerada como una figura retórica sobre este tema. Cuando David se ofreció a ir a luchar contra el filisteo Goliat, que desafiaba a los israelitas, Saúl, para animarle, le vistió con sus propias armas; pero David, después de probarlas, las rechazó, diciendo que entorpecerían el uso de su fuerza personal, y que sólo quería enfrentarse al enemigo con su honda y su alfanje. En efecto, las armas ajenas o son demasiado grandes para ajustarse bien a tu cuerpo, o lo fatigan con su peso, o lo aprietan y dificultan sus movimientos.

Carlos VII, padre de Luis XI, tras haber liberado a Francia de los ingleses gracias a su fortuna y su valor, reconoció la necesidad de contar con fuerzas propias y formó en su reino compañías regulares de gendarmes e infantes. Posteriormente, Luis, su hijo, suprimió la infantería y empezó a tomar a su sueldo a los suizos; pero este error, que dio lugar a otros, fue la causa, como vemos, de los peligros a los que se enfrentó Francia. De hecho, al privilegiar a los suizos, Luis destruyó en cierto modo todas sus propias tropas: en primer lugar, destruyó totalmente la infantería; y en cuanto a la gendarmería, la hizo depender de las armas de los demás, acostumbrándola tanto a luchar sólo en conjunción con los suizos que ya no creía poder vencer sin ellos. Esto también significa que los franceses no pueden enfrentarse a los suizos, y que sin los suizos no pueden enfrentarse a otras tropas. Así, los ejércitos franceses son actualmente mixtos, es decir, compuestos en parte por tropas mercenarias y en parte por tropas nacionales; una composición que sin duda los hace mucho mejores que los ejércitos formados enteramente por mercenarios o auxiliares, pero muy inferiores a aquellos en los que sólo habría cuerpos nacionales.

Si se hubiera conservado y mejorado el orden establecido por Carlos VII, Francia habría llegado a ser invencible. Pero la débil prudencia humana se deja seducir por la aparente bondad que, en muchas cosas, encubre el veneno que contienen, y que sólo se reconoce más tarde, como en esas fiebres de étisie de las que hablaba antes. Sin embargo, el príncipe que sólo sabe ver el mal cuando está a la vista de todos no está dotado de esta capacidad, que sólo se concede a un pequeño número de hombres.

Si buscamos la fuente principal de la ruina del Imperio Romano, la encontraremos en la introducción de la práctica de tomar a los godos a sueldo: en efecto, esto comenzó a debilitar a las tropas nacionales, de modo que todo el valor que perdieron se volvió en beneficio de los bárbaros.

Concluyo, pues, que ningún príncipe está a salvo si no tiene fuerzas propias: encontrándose indefenso ante la adversidad, su suerte depende enteramente de la fortuna. Ahora bien, los hombres ilustrados siempre han pensado y dicho que no hay nada tan frágil y tan efímero como un crédito que no esté fundado en nuestro propio poder.

Llamo, además, fuerzas propias, a las que están compuestas por ciudadanos, súbditos, criaturas del príncipe. Todas las demás son mercenarios o auxiliares.

Y en cuanto a los medios y el modo de disponer de estas fuerzas propias, se encontrarán fácilmente, si se reflexiona sobre los establecimientos de los que he tenido ocasión de hablar. Veremos cómo Filipo, padre de Alejandro Magno, y otros muchos príncipes y repúblicas, fueron capaces de crear y organizar tropas nacionales. Me refiero a la enseñanza que puede extraerse de estos ejemplos.

CAPÍTULO XIV. Las funciones del príncipe en relación con la milicia.

Esta es la verdadera profesión de cualquiera que gobierne; y a través de ella, no sólo los que nacen príncipes pueden mantenerse, sino también los que nacen simples ciudadanos privados pueden a menudo convertirse en príncipes. Es por haber descuidado las armas y preferido los placeres de la suavidad por lo que hemos visto a soberanos perder sus Estados. Despreciar el arte de la guerra es dar el primer paso hacia la ruina; poseerlo perfectamente es el medio para ascender al poder. Fue por el continuo manejo de las armas por lo que Francesco Sforza ascendió del rango de ciudadano particular al de duque de Milán; y fue por miedo al disgusto y a la fatiga por lo que sus hijos cayeron del rango de duques al de ciudadanos particulares.

Una de las consecuencias desafortunadas para un príncipe de descuidar sus armas es que llega a ser despreciado; una abyección de la que debe protegerse en todos los aspectos, como diré más adelante. Es, en efecto, como un hombre desarmado, entre el cual y un hombre armado la desproporción es inmensa. Tampoco es natural que este último obedezca de buen grado al primero; y un amo desarmado nunca puede estar seguro entre sirvientes que están armados: el primero es presa del rencor, el segundo de la sospecha; y los hombres que se dejan llevar por tales sentimientos no pueden vivir bien juntos. ¿Puede un príncipe que no entiende nada del arte de la guerra ganarse la estima de sus soldados y tener confianza en ellos? Por lo tanto, debe aplicarse constantemente a este arte, y ocuparse de él principalmente en tiempos de paz, lo que puede hacer de dos maneras, es decir, ejercitando su cuerpo y su mente por igual. Ejercitará su cuerpo, en primer lugar, maniobrando bien sus tropas y, en segundo lugar, cazando, lo que le endurecerá a la fatiga y, al mismo tiempo, le enseñará a conocer la disposición del terreno, la elevación de las montañas, la dirección de los valles, la disposición de las llanuras, la naturaleza de los ríos y de los pantanos, cosas todas a las que debe prestar la mayor atención.

Encontrará en ello dos ventajas: la primera es que, conociendo bien su país, podrá defenderlo mucho mejor; la segunda es que el conocimiento de un país facilita mucho el conocimiento de otro, que puede ser necesario estudiar; por ejemplo, las montañas, los valles, las llanuras y los ríos de Toscana se parecen mucho a los de otras regiones. Este conocimiento es también muy importante, y un príncipe que no lo posea carece de una de las primeras cualidades que debe tener un capitán, pues gracias a él puede descubrir al enemigo, tomarle alojamiento, dirigir la marcha de sus tropas, hacer preparativos para la batalla y sitiar con ventaja.

Entre los elogios a Filopómeno, jefe de los aqueos, los historiadores le alaban sobre todo por el hecho de que no pensaba nunca en otra cosa que en el arte de la guerra; de modo que, cuando recorría el campo con sus amigos, se detenía a menudo a resolver las preguntas que les planteaba, como las siguientes: "Si el enemigo estuviera en esta colina y nosotros aquí, ¿quién estaría apostado más ventajosamente? ¿Cómo podríamos ir hacia él con seguridad y sin crear desorden en nuestras filas? Si tuviéramos que retirarnos, ¿cómo lo haríamos? Si él mismo se retiraba, ¿cómo podríamos perseguirle? Y así, a medida que avanzaba, se informaba con ellos sobre los diversos accidentes de la guerra que podían ocurrir; recogía sus opiniones; exponía la suya y la apoyaba con diversos argumentos. El resultado de esta constante atención fue que, en la conducción de los ejércitos, no podía ocurrir ningún accidente que él no supiera remediar inmediatamente.

En cuanto al ejercicio de la mente, el príncipe debe leer a los historiadores, considerar las acciones de los hombres ilustres, examinar su conducta en la guerra, buscar las causas de sus victorias y derrotas, y estudiar así lo que debe imitar y lo que debe evitar. Sobre todo, debe hacer lo que han hecho muchos grandes hombres que, tomando como modelo a algún famoso héroe de la antigüedad, tenían constantemente ante los ojos sus acciones y toda su conducta, y las tomaban como sus reglas. Así, se dice que Alejandro Magno imitó a Aquiles, que César imitó a Alejandro y que Escipión tomó como modelo a Ciro. De hecho, cualquiera que haya leído la vida de Jenofonte sobre Ciro, encontrará en la de Escipión cuánto contribuyó a su gloria la imitación que se propuso, y cuánto, en cuanto a castidad, afabilidad, humanidad y liberalidad, se ajustó a todo lo que

Jenofonte dice sobre su modelo en su Ciropaedia.

Esto es lo que debe hacer un príncipe sabio, y cómo, en tiempos de paz, lejos de permanecer ocioso, puede protegerse de los accidentes de la fortuna, de modo que, si ésta se vuelve contra él, esté en condiciones de resistir sus golpes.

CAPÍTULO XV. De las cosas por las que todos los hombres, y especialmente los príncipes, son alabados o culpados.

Queda por examinar cómo debe usarla y comportarse un príncipe, ya sea con sus súbditos o con sus amigos. Tantos escritores han hablado de esto que se me puede acusar de presunción si vuelvo a hablar de ello, sobre todo porque al tratar este tema me desviaré del camino común. Pero, en mi intención de escribir algo útil para quienes lo lean, me pareció que era mejor centrarse en la realidad de las cosas que entregarse a vanas especulaciones.

Muchos han imaginado repúblicas y principados jamás vistos ni conocidos. Pero ¿de qué sirven estas imaginaciones? Hay tal distancia entre la forma en que vivimos y la forma en que deberíamos vivir, que estudiando sólo esta última aprendemos más bien a arruinarnos que a preservarnos: y cualquiera que quiera mostrarse un hombre bueno en todo y en todas partes no puede dejar de perecer en medio de tantos hombres malos.

Un príncipe que quiera mantenerse debe, por tanto, aprender a no ser bueno todo el tiempo, y a usarlo bien o mal, según la necesidad.

Dejando a un lado, pues, todo lo que se ha imaginado sobre los deberes de los príncipes, y ciñéndome a la realidad, digo que a todos los hombres, cuando se habla de ellos, y especialmente a los príncipes, que son los más destacados, se les atribuye una de las siguientes cualidades, que se citan como rasgo característico, y por las que se les alaba o se les reprocha. Así, uno tiene fama de generoso y otro de miserable (empleo aquí una expresión toscana, porque en nuestra lengua un avaro es alguien codicioso e inclinado al saqueo, y llamamos miserable (misero) a quien se abstiene demasiado de usar sus bienes); uno es benéfico y otro codicioso; uno cruel y otro compasivo; uno sin fe, y otro fiel a su palabra; uno afeminado y temeroso, y otro firme y valiente; uno deshonesto, y otro orgulloso; uno disoluto, y otro casto; uno franco, y otro astuto; uno duro, y otro fácil; uno grave, y otro ligero; uno religioso, y otro incrédulo, etc.

Sin duda sería muy bueno, y todo el mundo estará de acuerdo, que todas las buenas cualidades que acabo de mencionar se encontraran en un príncipe. Pero, como esto difícilmente es posible, y como la condición humana no lo permite, debe tener al menos la prudencia de evitar aquellos vicios vergonzosos que le harían perder sus Estados. En cuanto a los otros vicios, le aconsejo que los evite si puede; pero si no puede, no habrá gran desventaja si se entrega a ellos con menos moderación; ni siquiera debe temer ser acusado de ciertas faltas sin las cuales le sería difícil mantenerse; Porque, si examinamos las cosas con atención, descubriremos que, así como hay ciertas cualidades que parecen virtudes y que arruinarían al príncipe, también hay otras que parecen vicios y que, sin embargo, pueden redundar en su conservación y bienestar.

CAPÍTULO XVI. De la liberalidad y la avaricia.

Comenzando por las dos primeras cualidades expuestas, digo que sería bueno que un príncipe tuviera fama de liberal; sin embargo, la liberalidad puede ejercerse de tal manera que sólo le perjudique sin ningún provecho; pues si se ejerce con distinción, y según las reglas de la sabiduría, será poco conocida, hará poco ruido, y ni siquiera le garantizará contra la imputación de la cualidad contraria.

Si un príncipe desea ganarse en el mundo la reputación de liberal, debe necesariamente no escatimar ninguna clase de suntuosidad; esto le obligará a agotar su tesorería con esta clase de gastos; de lo que se seguirá que, para conservar la reputación que ha adquirido, se verá finalmente obligado a gravar a su pueblo con cargas extraordinarias, a convertirse en recaudador de impuestos y a hacer, en una palabra, todo lo que se puede hacer para tener dinero. Así que pronto empezará a ser odioso para sus súbditos, y a medida que se empobrezca, se le tendrá en mucha menor estima. Así, habiendo, por su generosidad, gratificado a muy pocos individuos y disgustado a un número muy grande, la menor incomodidad será considerable para él, y el menor contratiempo le pondrá en peligro: si, conociendo su error, quiere retractarse de él, verá inmediatamente reflejada en él la vergüenza unida al nombre de avaro.

El príncipe, por lo tanto, no pudiendo, sin consecuencias desafortunadas, practicar la liberalidad de tal manera que llegue a ser bien conocida, debe, si tiene alguna prudencia, no temer demasiado la reputación de ser avaro, especialmente porque con el tiempo adquirirá la reputación de ser liberal. En efecto, viendo que su ahorro hace que sus ingresos sean suficientes y le permite defenderse de sus enemigos o llevar a cabo empresas útiles sin sobrecargar a su pueblo, será considerado liberal por todos aquellos, infinitos en número, de quienes no tomará nada; y el reproche de avaricia sólo le será lanzado por aquellos pocos que no participan de sus dones.

En nuestro tiempo, sólo hemos visto grandes cosas hechas por príncipes que se sabía que eran avaros; todos los demás han permanecido en la oscuridad. El papa Julio II se había ganado fama de liberal para llegar a pontífice, pero después no pensó en consolidarla, pensando sólo en poder hacer la guerra al rey de Francia; guerra que hizo, como otras varias, sin imponer ningún impuesto extraordinario, porque su constante ahorro proveía a todos los gastos. Si el actual rey de España se hubiera considerado liberal, no habría formado ni llevado a cabo tantas empresas.

Un príncipe que no quiere tener que expoliar a sus súbditos para defenderse, y que no quiere hacerse pobre y despreciado por miedo a volverse rapaz, debe temer poco ser acusado de avaricia, ya que ésta es una de las malas cualidades que le hacen reinar.

Si se dice que César ascendió al imperio gracias a su liberalidad, y que la reputación de liberal ha llevado a muchas personas a los más altos rangos, yo respondo: o ya eres un príncipe, o estás en vías de serlo. En el primer caso, la liberalidad es perjudicial para ti; en el segundo, necesariamente debes tener una reputación por ella: y fue en este segundo caso en el que César se encontró, aspirando al poder soberano en Roma. Pero si, una vez conseguido esto, hubiera vivido mucho más tiempo y no hubiera moderado sus gastos, él mismo habría derrocado su imperio.

Si se insiste, y se sigue diciendo, que varios príncipes han reinado y logrado grandes cosas con sus ejércitos, y sin embargo tenían fama de ser muy liberales, responderé: el príncipe gasta o en su propio bien y en el de sus súbditos, o en el bien de los demás: en el primer caso debe ser ahorrativo; en el segundo no puede ser demasiado liberal.

Para el príncipe que sale a la conquista con sus ejércitos, viviendo del botín de guerra, saqueando y gravando, y haciendo uso de los bienes ajenos, la generosidad es necesaria, pues sin ella no le seguirían sus soldados. Tampoco hay nada que le impida ser un generoso distribuidor, como lo fueron Ciro, César y Alejandro, de lo que no le pertenece ni a él ni a sus súbditos. Al prodigar el bien ajeno, no debe temer disminuir su crédito; al contrario, sólo puede aumentarlo: sólo la prodigalidad de su propio bien podría perjudicarle.

Por último, la generosidad, más que cualquier otra cosa, se devora a sí misma; pues a medida que la ejerces, pierdes la capacidad de volver a ejercerla: te vuelves pobre, despreciado o rapaz y odioso. El desprecio y el odio son, sin duda, los escollos más importantes que deben evitar los príncipes. Pero la liberalidad conduce infaliblemente a ambos. Es más sabio, por tanto, resignarse a ser llamado avaro, cualidad que sólo atrae desprecio sin odio, que ponerse, para evitar este nombre, en la necesidad de incurrir en el calificativo de rapaz, que engendra desprecio y odio al mismo tiempo.

CAPÍTULO XVII. De la crueldad y la piedad, y de si es mejor ser amado que temido.

Siguiendo con las otras cualidades expuestas anteriormente, digo que todo príncipe debería desear ser conocido como misericordioso y no cruel. Sin embargo, debemos tener cuidado de no utilizar la clemencia de forma inapropiada. César Borgia tenía fama de cruel, pero su crueldad devolvió el orden y la unidad a la Romaña; devolvió la tranquilidad y la obediencia. También puede decirse, si consideramos las cosas con detenimiento, que fue más clemente que los florentinos, quienes, para evitar que se les reprochara crueldad, permitieron que se destruyera la ciudad de Pistoia.

Por tanto, un príncipe no debe temer este reproche cuando se trata de mantener unidos y leales a sus súbditos. Dando algunos ejemplos de rigor, será más misericordioso que aquellos que, por demasiada piedad, permiten que surjan desórdenes de los que se derivan asesinatos y robos; pues estos desórdenes perjudican a la sociedad en su conjunto, en lugar de que los rigores ordenados por el príncipe recaigan sólo sobre los individuos.

Pero es sobre todo a un príncipe nuevo a quien es imposible reprochar la crueldad, porque, en los nuevos estados, los peligros se multiplican mucho. Esta es también la razón que Virgilio pone en boca de Dido, cuando la hace decir, para excusar el rigor de su gobierno:

Res dura et regni novitas me talia cogunt

Moliri, et late fines custode tueri.

VIRGILIO, Æneida, lib. 1.

Debe, sin embargo, creer y actuar sólo con gran madurez, no asustarse, y seguir en todo los consejos de la prudencia, atemperados por los de la humanidad; para que no sea miope por exceso de confianza, y la desconfianza excesiva no le haga intolerable.

Entonces surgió la pregunta: ¿Es mejor ser amado que temido, o temido que amado?

Se podría responder que lo mejor sería ser ambas cosas. Pero, como es muy difícil que las dos cosas existan juntas, yo digo que, si falta una, es más seguro ser temido que ser amado. En efecto, generalmente puede decirse de los hombres que son ingratos, inconstantes, reservados, temblorosos ante el peligro y ávidos de ganancias; que mientras les hagas el bien, son tuyos, que te ofrecen su sangre, sus posesiones, sus vidas, sus hijos, siempre y cuando, como he dicho, el peligro sólo esté disponible a distancia; pero que cuando se acerca, rápidamente se apartan. El príncipe que confiase enteramente en su palabra, y que, en esta confianza, no tomase otras medidas, pronto estaría perdido; porque todas estas amistades, compradas por largueza, y no concedidas por generosidad y grandeza de alma, son a veces, es verdad, bien merecidas, pero no se poseen realmente; y, cuando llega el momento de usarlas, siempre faltan. Añadamos que tememos mucho menos ofender a quien nos hace amarle que a quien nos hace temerle; porque el amor se mantiene unido por un lazo de gratitud muy débil para la perversidad humana, y que cede al menor motivo de interés personal; mientras que el temor resulta de la amenaza del castigo, y este temor nunca se desvanece.

Sin embargo, el príncipe que desea ser temido debe hacerlo de tal manera que, si no se gana el afecto, tampoco se atraiga el odio; lo cual, por otra parte, no es imposible, pues es muy posible ser temido y no odiado al mismo tiempo; y esto es también lo que seguramente conseguirá, absteniéndose de atentar ni contra la propiedad de sus súbditos ni contra el honor de sus esposas. Si es necesario que mate a alguien, no debe decidirse a hacerlo hasta que haya una razón clara para ello, y este acto de rigor parece estar bien justificado. Pero, sobre todo, debe ser tanto más cuidadoso de no dañar la propiedad, ya que los hombres son más propensos a olvidar la muerte incluso de un padre que la pérdida de su patrimonio, y además tendrá oportunidades más frecuentes de hacerlo. Un príncipe que una vez se ha entregado al robo siempre encuentra razones y medios para apoderarse de los bienes de sus súbditos de los que sólo en contadas ocasiones tiene que derramar su sangre.

Es cuando el príncipe está a la cabeza de sus tropas, y manda una multitud de soldados, cuando menos debe temer que se le repute cruel; porque, sin esta reputación, un ejército no puede mantenerse en orden y preparado para cualquier empresa.

Entre las admirables hazañas de Aníbal, se ha señalado en particular que, aunque su ejército era muy numeroso y estaba formado por una mezcla de varias clases muy diferentes de hombres, que hacían la guerra en el territorio de otros, nunca surgió, ni en buena ni en mala fortuna, ninguna disensión entre las tropas, ni ningún movimiento de revuelta contra el general. ¿De dónde procedía esto? si no de esta crueldad excesiva que, combinada con las otras grandes cualidades de Aníbal, le convirtieron tanto en la veneración como en el terror de sus soldados, y sin la cual todas sus otras cualidades habrían sido insuficientes. Los escritores que, mientras celebraban las acciones de este hombre ilustre por un lado, culpaban por el otro de lo que había sido la causa principal de ellas, no habían pensado bien las cosas.

Para convencernos de que las demás cualidades de Aníbal no le habrían bastado, basta considerar lo que le sucedió a Escipión, un hombre como es casi imposible encontrar en los tiempos modernos, o incluso en la historia de todos los tiempos conocidos. Las tropas que mandaba en España se sublevaron contra él, y esta revuelta sólo podía atribuirse a su excesiva indulgencia, que había permitido a los soldados tomarse muchas más libertades de las que exigía la disciplina militar. Fabio Máximo también le criticó por ello en el Senado, donde le calificó de corruptor de la milicia romana.

Además, los locrianos, atormentados y arruinados por uno de sus lugartenientes, no pudieron obtener de él venganza alguna, y la insolencia del lugarteniente no fue reprimida; otro efecto de su fácil naturaleza. Con lo cual alguien, queriendo acusarle en el senado, dijo: "Que había hombres que sabían mejor no cometer faltas que corregir las de los demás". Pero, afortunadamente, él mismo se sometía a las órdenes del Senado, de modo que esta cualidad, perjudicial por naturaleza, permanecía algo oculta, e incluso seguía siendo motivo de elogio para él.

Volviendo, pues, a la cuestión que nos ocupa, concluyo que, puesto que los hombres aman por voluntad propia y temen por voluntad del príncipe, éste debe confiar más bien en lo que depende de él que en lo que depende de los demás: sólo es necesario que, como he dicho, se cuide de no atraerse

65

el odio.

CAPÍTULO XVIII. De cómo los príncipes deben cumplir su palabra.

Todo el mundo comprende lo loable que es para un príncipe ser fiel a su palabra y actuar siempre con franqueza y sin artificios. En nuestra época, sin embargo, hemos visto grandes cosas hechas por príncipes que hacían poco caso de esta lealtad y que sabían imponer su voluntad a los hombres mediante artimañas. Hemos visto a estos príncipes prevalecer finalmente sobre aquellos que tomaron la lealtad como base de toda su conducta.

Hay dos maneras de luchar: o con las leyes, o con la fuerza. La primera es adecuada para el hombre, la segunda para las bestias; pero como la primera a menudo no es suficiente, nos vemos obligados a recurrir a la otra: un príncipe debe, por tanto, saber actuar adecuadamente, tanto como bestia como como hombre. Esto es lo que enseñaban alegóricamente los escritores antiguos cuando relataban cómo Aquiles y varios otros héroes de la antigüedad fueron confiados al centauro Quirón, para que los alimentara y criara.

Con esto, de hecho, y con este maestro mitad hombre, mitad bestia, querían decir que un príncipe debe tener de alguna manera ambas naturalezas, y que una necesita ser apoyada por la otra. Si sólo es león, no verá las trampas; si sólo es zorro, no se defenderá de los lobos; y también necesita ser zorro para ver las trampas y león para ahuyentar a los lobos. Los que se limitan a ser leones son muy poco hábiles.

Un príncipe bien aconsejado no debe cumplir su promesa cuando hacerlo le sea perjudicial, y cuando ya no existan las razones que le llevaron a prometer: éste es el precepto que debe darse. Pero ya que ellos son malvados y ciertamente no cumplirán su palabra contigo, ¿por qué has de cumplir tú la tuya con ellos? Y además, ¿puede un príncipe carecer de razones legítimas para colorear el incumplimiento de lo que ha prometido?

Sobre este tema, podemos citar infinidad de ejemplos modernos, y citar un número muy grande de tratados de paz y acuerdos de todo tipo, que se han vuelto inútiles a causa de la infidelidad de los príncipes que los concluyeron. Se ve que los que mejor supieron actuar como zorros fueron los que más prosperaron.

Pero para eso, lo que es absolutamente necesario es saber disimular esta naturaleza de zorro, y dominar el arte tanto de la simulación como del disimulo. Los hombres están tan cegados, tan llevados por la necesidad del momento, que un engañador siempre encuentra a alguien que se deje engañar.

Entre los ejemplos recientes, hay uno que no quiero dejar pasar en silencio.

Alejandro VI nunca hizo otra cosa que engañar; no pensaba en otra cosa, y siempre tenía la oportunidad y los medios para hacerlo. Nunca hubo un hombre que afirmara una cosa con más seguridad, que respaldara su palabra con más juramentos y que los mantuviera con menos escrúpulos: sus engaños siempre tenían éxito, sin embargo, porque conocía el arte a la perfección.

Así pues, volviendo a las buenas cualidades expuestas anteriormente, no es necesario que un príncipe las posea todas; pero sí es necesario que aparente tenerlas. Incluso me atrevería a decir que si las tuviera realmente, y si las mostrara siempre en su conducta, podrían perjudicarle, en lugar de serle siempre útil tener la apariencia de tenerlas. Siempre es bueno, por ejemplo, parecer misericordioso, fiel, humano, religioso y sincero; incluso es bueno ser todo esto en realidad: pero al mismo tiempo debe ser lo suficientemente dueño de sí mismo como para poder y saber mostrar las cualidades contrarias cuando sea necesario.

Debe comprenderse claramente que no es posible que un príncipe, y especialmente un príncipe nuevo, observe en su conducta todo lo que hace que los hombres tengan fama de ser buenas personas, y que a menudo se ve obligado, para mantener el Estado, a actuar contra la humanidad, contra la caridad, contra la religión misma. Debe, pues, tener una mente lo bastante flexible para volverse hacia todas las cosas, según se lo dicten el viento y los accidentes de la fortuna; debe, como he dicho, mientras pueda, no apartarse del camino del bien, pero si es necesario debe saber entrar en el camino del mal.

También debe tener mucho cuidado de no dejar escapar ni una sola palabra que no destile las cinco cualidades que acabo de nombrar, para que cuando le vean y le oigan crean que está lleno de dulzura, sinceridad, humanidad, honor y, sobre todo, religión, que es también lo que más importa aparentar: porque los hombres, en general, juzgan más por los ojos que por las manos, ya que todos pueden ver y pocos tocar. Todos ven lo que pareces; pocos saben en profundidad lo que eres, y este pequeño número no se atreverá a hablar en contra de la opinión de la mayoría, que sigue respaldada por la majestad del poder soberano.

Además, en las acciones de los hombres, y especialmente de los príncipes, que no pueden ser examinadas en un tribunal, lo que se tiene en cuenta es el resultado. Que el príncipe sólo piense en preservar su vida y su estado: si lo consigue, todos los medios que haya tomado serán juzgados honorables y alabados por todos. El vulgo se deja seducir siempre por las apariencias y los acontecimientos: ¿y no hace el vulgo el mundo? Sólo se escucha a unos pocos cuando la mayoría no sabe qué partido tomar ni en qué basar su juicio.

En nuestro tiempo, hemos visto a un príncipe[7] que no es oportuno nombrar, que nunca predicó otra cosa que la paz y la buena fe, pero que, de haber respetado siempre ambas cosas, probablemente no habría conservado sus Estados y su reputación.

CAPÍTULO XIX. Que debemos evitar ser despreciados y odiados.

Después de haber tratado específicamente de las cualidades que considero más importantes, hablaré más brevemente de las demás, limitándome al punto general de que el príncipe debe evitar cuidadosamente todo lo que le haga odioso y despreciable, a cambio de lo cual habrá hecho todo lo que tenía que hacer, y ya no encontrará ningún peligro en los demás reproches en que podría incurrir.

Lo que le haría especialmente odioso sería, como he dicho, ser rapaz y atentar contra la propiedad de sus súbditos o contra el honor de sus esposas. Siempre que se respeten estas dos cosas, la propiedad y el honor, la gente común está contenta, y lo único que queda por combatir es la ambición de un pequeño número de individuos, que es fácil y de mil maneras reprimir.

Lo que puede hacer que la gente lo desprecie es parecer inconstante, ligero, afeminado, pusilánime, irresoluto, todas cosas de las que el príncipe debe mantenerse alejado como de una trampa, asegurándose de que en todas sus acciones haya grandeza, valor, gravedad, firmeza; que estén convencidos, en lo que respecta a los asuntos particulares de sus súbditos, de que sus decisiones son irrevocables, y que esta convicción se establezca en sus mentes de tal manera que nadie se atreva a pensar en engañarle o burlarle.

El príncipe que dio esta idea de sí mismo goza de gran prestigio, y es difícil que alguien conspire contra alguien que goza de tan alta consideración; incluso es difícil que alguien le ataque cuando sabe que tiene grandes cualidades y es respetado por su propio pueblo.

Un príncipe debe preocuparse de dos cosas: el interior de sus Estados y la conducta de sus súbditos son el objeto de una; el exterior y los designios de las potencias circundantes son el objeto de la otra. Para estos últimos, la manera de protegerse es tener buenas armas y buenos amigos; y uno siempre tendrá buenos amigos cuando tiene buenas armas: Además, mientras el príncipe esté seguro y en paz en el exterior, también estará seguro y en paz en el interior, a menos que ya haya sido perturbado por alguna conspiración; y si incluso en el exterior se forma alguna empresa contra él, encontrará en el interior, como ya he dicho que los encontró Nabis, tirano de Esparta, los medios para resistir cualquier ataque, siempre, sin embargo, que se haya comportado y gobernado de acuerdo con lo que he observado, y además que no pierda el ánimo.

En cuanto a los súbditos, lo que el príncipe puede temer de ellos, cuando está en paz exterior, es que conspiren secretamente contra él; pero en este aspecto ya está bien protegido cuando ha evitado ser odiado y despreciado, y se ha asegurado de que el pueblo esté contento con él; algo que es absolutamente necesario superar, como he establecido. Esta es, en efecto, la garantía más segura contra las conspiraciones; porque el que conspira cree siempre que la muerte del príncipe será grata al pueblo: si pensara que le afligiría, se cuidaría de no concebir semejante plan, que presenta dificultades muy grandes y muy numerosas.

Sabemos por experiencia que se han formado muchos conjurados, pero que muy pocos han tenido un resultado exitoso. Un hombre no puede conjurar solo: debe tener asociados, y sólo puede buscarlos entre los que cree descontentos. Ahora bien, al confiar un proyecto de esta naturaleza a un descontento, le proporcionamos los medios para poner fin a su descontento; pues puede contar con ser ampliamente recompensado al revelar el secreto: y como ve en ello un beneficio asegurado, mientras que la conspiración no le presenta más que incertidumbre y peligro, debe tener, para no traicionar, o bien una amistad muy viva con el conspirador, o bien un odio muy obstinado hacia el príncipe. En resumen, el conspirador está siempre turbado por la sospecha, los celos y el miedo al castigo; mientras que el príncipe tiene para él la majestad del imperio, la autoridad de las leyes, el apoyo de sus amigos y todo lo que constituye la defensa del Estado; Y si todo esto se combina con la buena voluntad del pueblo, es imposible que alguien sea tan temerario como para conspirar; porque, en este caso, el conspirador no sólo tiene que temer los peligros que preceden a la ejecución, también debe temer los que seguirán, contra los cuales, con el pueblo como enemigo, no tendrá refugio.

Se podrían citar infinidad de ejemplos, pero me limitaré a uno solo del que fueron testigos nuestros padres.

Messire Annibal Bentivogli, abuelo del actual Messer Annibal, siendo Príncipe de Bolonia, fue asesinado por los Canneschi, siguiendo una conspiración que habían urdido contra él: de su familia sólo quedó Messer Giovanni, un niño aún en la cuna. Pero el afecto que el pueblo de Bolonia profesaba a la Casa de Bentivogli era tal que inmediatamente después del asesinato se sublevaron y masacraron a todos los Canneschi. Este afecto fue incluso más allá: como después de la muerte de Messer Annibal no quedaba nadie que pudiera gobernar el Estado, y los boloñeses se enteraron de que había un hombre nacido de la familia Bentivogli que vivía en Florencia, donde se hacía pasar por hijo de un artesano, fueron a buscarlo y le confiaron el gobierno, que conservó hasta que Messer Giovanni tuvo edad suficiente para llevar él mismo las riendas del Estado.

Una vez más, pues, un príncipe que es amado por su pueblo tiene poco que temer de las conspiraciones; pero si es odiado por él, todo, tanto las cosas como los hombres, le es de temer. Por eso los gobiernos bien regulados y los príncipes sabios siempre tienen mucho cuidado de satisfacer al pueblo y mantenerlo contento sin disgustar demasiado a los grandes: ésta es una de las cosas más importantes que pueden hacer.

Entre los reinos bien organizados de nuestro tiempo se encuentra Francia, donde hay un gran número de buenas instituciones capaces de mantener la independencia y la seguridad del rey; instituciones entre las cuales la del parlamento y su autoridad ocupa el primer lugar. En efecto, el hombre que organizó Francia de este modo, viendo, por una parte, la ambición y el orgullo insolente de los grandes, y cuán necesario era reprimirlos; considerando, por otra parte, el odio general que se les tenía, odio engendrado por el miedo que inspiraban, y queriendo, en consecuencia, garantizar también su seguridad, creyó oportuno no dejar esto sólo en manos del rey, para no tener que incurrir en el odio de los nobles favoreciendo al pueblo, y en el del pueblo favoreciendo a los nobles. Por eso pensó que era una buena idea establecer la tercera autoridad de un tribunal que pudiera, sin consecuencias desafortunadas para el rey, derribar a los grandes y proteger a los pequeños. Tal institución era, sin duda, lo mejor, lo más sabio y lo más adecuado que podía hacerse para la seguridad del príncipe y del reino.

De aquí se desprende también otra observación: que el príncipe debe descargar a otros de las partes de la administración que puedan ser odiosas, y reservar exclusivamente para sí las de las gracias; en una palabra, repito, debe tener respeto a los grandes, pero evitar ser odiado por el pueblo.

Si observas la vida y la muerte de varios emperadores romanos, tal vez creas ver ejemplos contrarios a lo que acabo de decir, pues encontrarás algunos que, habiéndose comportado siempre con sabiduría y demostrado grandes cualidades, nunca dejaron de perder el imperio, o incluso de perecer víctimas de conspiraciones formadas contra ellos.

Para responder a esta objeción, examinaré el carácter y la conducta de algunos de estos emperadores, y mostraré que las causas de su caída no presentan nada que no concuerde con lo que he establecido. También expondré algunas reflexiones sobre lo que los acontecimientos de aquellos tiempos pueden ofrecer de notable a quienes leen historia. Sin embargo, me limitaré a los emperadores que se sucedieron desde Marco Aurelio hasta Maximino: Ellos son: Marco Aurelio, Cómodo su hijo, Pertinax, Didio Juliano, Septimio-Severo, Antonino-Caracalla, su hijo, Macrino, Heliogábalo, Alejandro-Severo y Maximino.

La primera observación que hay que hacer es que, mientras que en otros Estados el príncipe sólo tiene que enfrentarse a la ambición de los grandes y a la insolencia del pueblo, los emperadores romanos tuvieron que superar una tercera dificultad, la de defenderse de la crueldad y la avaricia de los soldados; una dificultad tal que fue la causa de la ruina de varios de estos príncipes. En efecto, es muy difícil contentar a la vez a los soldados y al pueblo; porque al pueblo le gusta el reposo y, por consiguiente, un príncipe moderado; los soldados, en cambio, exigen que sea belicoso, insolente, avaro y cruel; incluso quieren que se muestre así con el pueblo, para tener doble paga y satisfacer su avaricia y crueldad. De ahí también la ruina de todos aquellos emperadores que no tenían, ni por sus cualidades naturales ni por las adquiridas, el ascendiente necesario para contener tanto al pueblo como a los hombres de guerra. De ahí también el hecho de que la mayoría de ellos, y especialmente los que eran nuevos príncipes, viendo la dificultad de satisfacer estados de ánimo tan opuestos, decidieron complacer a los soldados sin preocuparse de oprimir al pueblo.

Por otra parte, éste era un camino necesario; pues los príncipes, que no pueden evitar ser odiados por alguien, deben primero tratar de no ser odiados por la multitud; y, si no pueden conseguirlo, deben hacer todo lo posible para no ser odiados al menos por la clase más poderosa. También por esta razón, los emperadores, que como nuevos príncipes necesitaban un apoyo extraordinario, se apegaban mucho más fácilmente a los soldados que al pueblo; sin embargo, esto sólo les era útil en la medida en que podían mantener su ascendiente sobre ellos.

Es consecuencia de todo lo que acabo de decir que de los tres emperadores Marco Aurelio, Pertinax y Alejandro Severo, que vivieron con sabiduría y moderación, que fueron amigos de la justicia, enemigos de la crueldad, humanos y benéficos, sólo el primero no tuvo un final desgraciado. Pero si vivió y murió siempre honrado, fue porque, habiendo heredado el imperio por derecho de sucesión, no era deudor ni de los guerreros ni del pueblo, y porque, además, sus grandes y numerosas virtudes le hicieron tan respetado que siempre fue capaz de mantener todas las órdenes del Estado dentro de los límites del deber, sin ser ni odiado ni despreciado.

En cuanto a Pertinax, los soldados, contra cuya voluntad había sido nombrado emperador, no soportaban la disciplina que quería restablecer tras el libertinaje en que habían vivido bajo Cómodo: por eso era odiado. A este odio se unió el desprecio por su vejez, y murió casi tan pronto como comenzó a reinar. De aquí se sigue, como he dicho, que un príncipe que desea mantenerse se ve a menudo obligado a no ser bueno; pues cuando la clase de súbditos que cree necesitar, ya sea pueblo, soldados o grandes, está corrompida, debe satisfacerlos a toda costa si no quiere tenerlos en su contra; y entonces las buenas acciones hacen más mal que bien.

Por último, en cuanto a Alejandro Severo, su bondad fue tal que, entre los elogios que ha recibido, se ha señalado que, durante los catorce años de su reinado, nadie fue ejecutado sin un juicio regular. Sin embargo, como había llegado a ser considerado un hombre afeminado que se dejaba gobernar por su madre, y como consecuencia había caído en el desprecio, su ejército conspiró contra él y lo masacró.

Si pasamos ahora a los emperadores que mostraron cualidades totalmente opuestas, es decir, Cómodo, Septimio-Severo, Antonino-Caracalla y Maximino, veremos que fueron muy crueles e insaciablemente codiciosos;

que, para satisfacer a los soldados, no escatimaron al pueblo ningún tipo de opresión e insulto, y que todos ellos tuvieron un final desgraciado, con la única excepción de Severo, quien, gracias a la grandeza de su valor y a otras cualidades eminentes, pudo, conservando el afecto de los soldados, y aunque cargó al pueblo con impuestos, reinar siempre felizmente; pues esta grandeza le hizo ser admirado por todos, de tal manera que el pueblo permanecía atónito y asombrado, y los soldados se mostraban respetuosos y satisfechos. Severo, además, se comportó muy hábilmente como un nuevo príncipe: por eso me detendré un momento en mostrar lo bien que sabía actuar como un zorro y un león, dos animales que, como he dicho, un príncipe debe saber asumir.

Conociendo la cobardía de Didio Juliano, que acababa de ser proclamado emperador, persuadió a las tropas a cuyo frente se encontraba entonces en Panonia de que era digno de ellas ir a Roma para vengar la muerte de Pertinax, degollado por la guardia imperial; Sin revelar los planes secretos que tenía para el imperio, aprovechó este pretexto, se apresuró a ir a Roma con su ejército y apareció en Italia antes de que nadie supiera que partía. Al llegar a Roma, fue proclamado emperador por el aterrorizado Senado, y Juliano fue masacrado. Una vez dado este primer paso, aún tenía que superar dos obstáculos para hacerse con el control de todo el Estado: uno en Oriente, donde Níger había sido proclamado emperador por los ejércitos asiáticos que comandaba; y otro en Occidente, donde Albino también aspiraba al imperio. Como veía demasiado peligroso declararse contra estos dos competidores al mismo tiempo, planeó atacar a Níger y engañar a Albino. En consecuencia, escribió a Albino que, habiendo sido nombrado emperador por el senado, era su intención compartir con él la dignidad imperial: le envió, pues, el título de César y le hizo nombrar su colega por decreto del senado. Albino se dejó seducir por estas manifestaciones, que creyó sinceras. Pero cuando Severo hubo matado a Níger, después de haberlo derrotado, y los problemas en Oriente se habían calmado, regresó a Roma y se quejó en el senado de la conducta de Albino, acusándolo de haber mostrado poca gratitud por todos los beneficios que le había concedido, y de haber intentado asesinarlo en secreto; y concluyó diciendo que no podía evitar marchar contra él para castigarlo por su ingratitud. De repente fue a atacarle a la Galia, donde le arrebató su imperio y su vida.

Tal fue la conducta de este príncipe. Si seguimos paso a paso todas sus acciones, veremos en todas partes la audacia de un león y la astucia de una zorra; le veremos temido y venerado por sus súbditos, y apreciado incluso por sus soldados: no nos extrañará, pues, que, a pesar de ser un hombre nuevo, fuera capaz de mantenerse en un imperio tan vasto; porque su alta reputación le defendió siempre contra el odio que sus continuas exacciones hubieran podido encender en el corazón de sus pueblos.

Antonino-Caracalla, su hijo, también poseía cualidades eminentes que le hicieron ser admirado por el pueblo y apreciado por los soldados. Su destreza en el arte de la guerra, su desdén por la comida cara y los placeres de la indulgencia le granjearon el afecto de las tropas; pero su crueldad, su ferocidad inaudita, los numerosos asesinatos que infligía diariamente a algunos ciudadanos de Roma, la masacre general de los habitantes de Alejandría, le convirtieron en objeto de aborrecimiento universal: los que le rodeaban pronto tuvieron que temer por sí mismos, y un centurión lo mató en medio de su ejército.

De este hecho se desprende una observación importante: es que un príncipe no puede evitar la muerte cuando un hombre firme y endurecido en su venganza ha resuelto destruirlo; pues quien desprecia su propia vida es dueño de la de los demás. Pero como estos peligros son raros, en consecuencia son menos de temer. Todo lo que el príncipe puede y debe hacer a este respecto es tener cuidado de no ofender gravemente a ninguno de los que emplea y tiene a su alrededor en su servicio; este cuidado no lo tuvo Caracalla, que había matado injustamente a un hermano del centurión por el que fue asesinado, que le amenazaba diariamente él mismo, y que sin embargo le mantuvo en su guardia. Se trataba, sin duda, de una temeridad que sólo podía conducirle a la ruina, como demostraron los acontecimientos.

En cuanto a Cómodo, el hijo y heredero de Marco Aurelio, ciertamente tenía todas las oportunidades para mantener su posición en el imperio: todo lo que tenía que hacer era seguir los pasos de su padre para complacer al pueblo y a los soldados. Pero, cediendo a su naturaleza cruel y feroz, quiso aplastar impunemente al pueblo con sus saqueos; decidió mimar a las tropas y dejarlas vivir en el libertinaje. Además, olvidando todo cuidado por su dignidad, se le veía a menudo bajar a la arena para luchar con los gladiadores, y entregarse a las turpitudes más indignas de la majestad imperial. Se envileció a los ojos de sus soldados. Así, convertido en objeto de odio y desprecio, conspiraron contra él y fue asesinado.

Sólo me queda hablar de Maximino. Poseía todas las cualidades que hacen a un hombre de guerra. Tras la muerte de Alejandro Severo, del que he hablado antes, los ejércitos, disgustados por la debilidad de este último príncipe, auparon a Maximino al imperio; pero no lo mantuvo durante mucho tiempo. Dos cosas contribuyeron a que fuera despreciado y odiado. La primera fue la bajeza de su primer estado: como pastor en Tracia, esta extracción, conocida por todos, le hizo vil a los ojos de todos. La segunda fue la fama de crueldad que adquirió inmediatamente; pues, sin ir a Roma a tomar posesión del trono imperial, hizo que sus lugartenientes cometieran allí, así como en todas las partes del imperio, numerosos actos de rigor. Por una parte, el Estado, indignado por la bajeza de sus orígenes, y por otra, excitado por el temor que inspiraban sus barbaridades, se levantó contra él. La señal la dio África. Inmediatamente, el Senado y el pueblo siguieron este ejemplo, que no tardó en ser imitado por el resto de Italia. Pronto a esta conspiración general se unió la de sus tropas: sitiaron Aquilea; pero, desanimados por las dificultades del asedio, cansados de sus crueldades y empezando a temerle menos desde que le vieron enfrentarse a una multitud de enemigos, decidieron masacrarle.

No me detendré ahora a hablar de Heliogábalo, Macrino o Didio Juliano, hombres tan viles que sólo aparecieron en el trono. Pero, llegando inmediatamente a la conclusión de mi discurso, digo que los príncipes modernos encuentran una dificultad menos en su administración: la de satisfacer extraordinariamente a las gentes de la guerra. En efecto, es indudable que deben tener alguna consideración para con ellos, pero no hay gran embarazo en ello, porque ninguno de estos príncipes tiene los grandes cuerpos de tropas que aún existen y que se han amalgamado, por así decirlo, por el paso del tiempo con el gobierno y la administración de las provincias, como lo fueron los ejércitos romanos. Los emperadores estaban obligados a complacer a los soldados más que al pueblo, porque los soldados eran los más poderosos; pero hoy es al pueblo a quien los príncipes tienen sobre todo que satisfacer. Las únicas excepciones a este respecto son el Gran Señor de los turcos y el Sudán.

Excluyo al Gran Señor, porque siempre tiene a su alrededor un cuerpo de doce mil infantes y quince mil jinetes; estos cuerpos constituyen su seguridad y su fuerza, y por consiguiente debe en todo, y sin pensar en el pueblo, escatimar y conservar su afecto.

Excluyo al Sudán, porque como sus estados están enteramente en manos de la gente de la guerra, debe conciliar su amistad, sin avergonzarse con el pueblo.

Hay que señalar, a este respecto, que el estado de Sudán difiere de todos los demás, y se parece poco a otra cosa que al pontificado cristiano, que no puede llamarse ni principado hereditario ni nuevo principado. En efecto, a la muerte del príncipe, no son sus hijos los que heredan y reinan después de él, sino que su sucesor es elegido por aquellos a quienes corresponde esta elección; y además, como este orden de cosas está consagrado por su antigüedad, no presenta las dificultades de los principados nuevos: el príncipe, en efecto, es nuevo, pero las instituciones son antiguas, lo que hace que se le reciba como si fuera un príncipe hereditario. Volvamos a nuestro tema.

Cualquiera que reflexione sobre todo lo que acabo de decir verá que la ruina de los emperadores de los que he hablado fue, en efecto, causada por el odio o el desprecio, y comprenderá al mismo tiempo por qué, actuando unos de una manera y otros de otra muy distinta, sólo uno de cada bando terminó felizmente, mientras que todos los demás acabaron sus días miserablemente. Comprenderá que fue inútil e incluso fatal para Pertinax y Alejandro Severo, nuevos príncipes, querer imitar a Marco Aurelio, un príncipe hereditario; y que, del mismo modo, Caracalla, Cómodo y Maximino se perjudicaron a sí mismos queriendo imitar a Severo, porque no tenían las grandes cualidades necesarias para poder seguir sus pasos.

También digo que un nuevo príncipe no puede ni debe imitar ni a Marco Aurelio ni a Severo, sino que debe tomar del ejemplo de Severo lo que necesita para asentar su poder, y del de Marco Aurelio lo que puede utilizar para mantener la estabilidad y la gloria de un imperio largamente establecido y consolidado.

Capítulo XX. Si las fortalezas, y otras varias cosas que suelen hacer los príncipes, les son útiles o perjudiciales.

Los príncipes han empleado diversos medios para mantener la seguridad de sus Estados. Algunos han desarmado a sus súbditos; otros han mantenido la división de partidos en los países bajo su control: a algunos les ha gustado fomentar enemistades contra sí mismos; algunos también se han esforzado por ganarse a aquellos que, al principio de su reinado, habían parecido desconfiados; por último, algunos han construido fortalezas, mientras que otros las han demolido. Es imposible formarse una opinión definitiva sobre estos diversos medios sin examinar las circunstancias particulares del Estado al que se pretende aplicar uno de ellos. No obstante, voy a hablar de ellos en general y según lo requiera el tema.

Nunca ha sucedido que un príncipe nuevo haya desarmado a sus súbditos; al contrario, el que los encontró sin armas les dio algunas, porque pensó que esas armas serían suyas; que dándolas haría leales a los que desconfiaban; que los demás mantendrían su lealtad, y que todos, finalmente, se convertirían en sus partidarios. Es cierto que no todos sus súbditos pueden llevar armas; pero el príncipe no debe temer, recompensando a los que han tomado las armas, disgustar a los demás de tal modo que tenga motivos de preocupación: los primeros agradecerán la recompensa, y los segundos verán conveniente tratar mejor a los que han servido más y se han expuesto a más peligros.

Un príncipe que desarmara a sus súbditos comenzaría a ofenderlos, mostrándoles que desconfiaba de su lealtad; y esta desconfianza, cualquiera que fuera el objeto, inspiraría odio contra él. Además, incapaz de permanecer desarmado, se vería obligado a recurrir a una milicia mercenaria; y ya he dicho lo que es esta milicia, que, aunque fuera buena, nunca podría ser lo bastante grande para defenderle contra enemigos poderosos y súbditos irritados. Así pues, como ya he dicho, cualquier príncipe recién llegado a un nuevo principado nunca ha dejado de organizar una fuerza armada. La historia ofrece numerosos ejemplos de ello.

Es cuando un príncipe ha adquirido un nuevo estado, que añade al que ya posee, cuando es importante que desarme a los súbditos del nuevo estado, con la excepción, sin embargo, de aquellos que se declararon a su favor en el momento de la adquisición: aun así, es conveniente que les dé facilidades para ceder a la blandura y al afeminamiento, y que organice las cosas de tal manera que no quede más ejército que el de sus propios soldados, que viven en su antiguo estado y cerca de su persona.

Nuestros antepasados, y en particular aquellos que eran considerados sabios, decían comúnmente que Pistoia debía ser contenida por medio de partidos, y Pisa por medio de fortalezas. También se preocuparon de mantener la división en algunos de los países bajo su control, con el fin de mantenerlos más fácilmente. Esto pudo ser bueno en una época en la que había una especie de equilibrio en Italia, pero me parece que hoy ya no sería aconsejable, porque no creo que las divisiones puedan ser buenas para nada. Incluso me parece que, cuando se acerca el enemigo, los países divididos están infaliblemente y pronto perdidos; porque la parte débil se unirá a las fuerzas exteriores, y la otra ya no podrá resistir. Los venecianos, que creo que pensaban como nuestros antepasados a este respecto, mantuvieron los partidos güelfos y gibelinos en las ciudades bajo su dominio. Por supuesto, no permitieron que las cosas se recrudecieran hasta el punto del derramamiento de sangre, pero fomentaron suficientes divisiones y disputas para mantener a los habitantes tan ocupados que no pensaron en abandonar su obediencia. Sin embargo, les resultó difícil, y cuando perdieron la batalla de Vailà, estas mismas ciudades se volvieron inmediatamente audaces y se sacudieron el yugo de la autoridad veneciana.

Un príncipe que emplea tales medios muestra su debilidad, y un gobierno fuerte nunca tolerará las divisiones: si bien pueden ser de cierta utilidad en tiempos de paz, al facilitar el control de sus súbditos, en cuanto estalla la guerra, sólo pueden ser perjudiciales.

Sin duda, los príncipes se hacen más grandes cuando superan todos los obstáculos que se oponen a su elevación. Así, cuando la fortuna quiere hacer más grande a un príncipe nuevo, que necesita adquirir una reputación mayor que la de un príncipe hereditario, crea a su alrededor una multitud de enemigos contra los que le empuja, a fin de proporcionarle la ocasión de triunfar, y le da así la oportunidad de elevarse por medio de una escalera que sus mismos enemigos le proporcionan. Por eso muchos han pensado que un príncipe sabio debe, si puede, fomentar hábilmente alguna enemistad, para que venciéndola aumente su propia grandeza.

Los príncipes, y en particular los nuevos príncipes, han descubierto que los hombres que, cuando establecieron por primera vez su poder, les habían parecido sospechosos, les eran más leales y útiles que aquellos que inicialmente se habían mostrado devotos. Pandolfo Petrucci, príncipe de Siena, prefirió emplear en su gobierno a aquellos de quienes había sospechado inicialmente.

Sería difícil, sobre este tema, dar reglas generales, y todo depende de las circunstancias particulares. Me limitaré, pues, a decir que, para los hombres que, al principio de un nuevo principado, eran enemigos, y que se encuentran en una posición tal que necesitan apoyo para mantenerse, el príncipe podrá siempre ganárselos muy fácilmente, y que, por su parte, se verán obligados a servirle con tanto más celo y fidelidad, cuanto que sentirán que tienen que borrar, con sus servicios, la mala idea que le habían dado motivo para tener de ellos. Le serán, pues, más útiles que aquellos que, no teniendo ni los mismos motivos ni el mismo temor, velan despreocupadamente por sus intereses.

Y, ya que mi tema me lleva a este punto, quisiera también señalar a cualquier nuevo príncipe que se haya apoderado del principado por medio de la inteligencia del interior, que debe considerar cuidadosamente los motivos de aquellos que han actuado a su favor; porque, si no lo han hecho por afecto natural, sino sólo porque estaban descontentos con su gobierno actual, el nuevo príncipe tendrá extrema dificultad en conservar su amistad, ya que le será imposible complacerlos.

Si reflexionamos sobre los ejemplos que los tiempos antiguos y modernos nos ofrecen a este respecto, veremos que es mucho más fácil para el nuevo príncipe ganarse a los que al principio eran sus enemigos, porque estaban satisfechos con el antiguo estado de cosas, que a los que se convirtieron en sus amigos y le favorecieron, porque estaban descontentos.

Generalmente, los príncipes, para mantenerse, han construido fortalezas, bien para prevenir revueltas, bien para tener un lugar seguro donde refugiarse contra un primer ataque. Apruebo este sistema, porque fue seguido por los antiguos. Hoy en día, sin embargo, hemos visto a Niccolo Vitelli demoler dos fortalezas en Città di Castello para mantener su posesión del país. Del mismo modo, Guido Ubaldo, duque de Urbino, al regresar a su ducado, del que había sido expulsado por César Borgia, destruyó allí todas las ciudadelas hasta los cimientos, pensando que esta medida haría menos probable que fuera desposeído por segunda vez. Finalmente, los Bentivogli, que se habían restablecido en Bolonia, hicieron lo mismo. Las fortalezas son, pues, útiles o no, según las circunstancias, e incluso si son útiles en un momento dado, son perjudiciales en otro. He aquí lo que puede decirse de ellas.

Un príncipe que teme más a sus súbditos que a los extranjeros debe construir fortalezas; pero no debe tener ninguna si teme más a los extranjeros que a sus súbditos: el castillo de Milán, construido por Francesco Sforza, ha hecho más daño a la casa de este príncipe que cualquier desorden que haya surgido en sus estados. La mejor fortaleza que puede tener un príncipe es el afecto de su pueblo: si es odiado, todas las fortalezas que pueda tener no le salvarán; porque si una vez su pueblo se levanta en armas, siempre encontrará extranjeros que le apoyen.

En nuestro tiempo, sólo hemos visto a la condesa de Forli aprovecharse de una fortaleza donde, tras el asesinato de su marido, el conde de Girolamo, pudo refugiarse de la sublevación del pueblo, y esperar a que le enviaran ayuda desde Milán para poder recuperar sus Estados. Pero, en aquel momento, las circunstancias eran tales que ningún extranjero podía apoyar al pueblo. Además, esta misma fortaleza le sirvió de poco más tarde, cuando fue atacada por César Borgia, y el pueblo, que la odiaba, pudo aliarse con este enemigo. En esta última ocasión, como en la primera, habría sido mucho mejor para ella no ser odiada que tener fortalezas.

Por todo ello, apruebo por igual a quienes construyen fortalezas y a quienes no lo hacen; pero siempre culparé a quien, apoyándose en esta defensa, no tema incurrir en el odio del pueblo.

Capítulo XXI. Cómo debe comportarse un príncipe para adquirir reputación.

Emprender grandes empresas, dar raros ejemplos con sus actos, es lo que más ilustra a un príncipe. En nuestro tiempo, podemos citar a Fernando de Aragón, actual rey de España, como un príncipe ilustre en este sentido. Se le puede llamar príncipe nuevo, por así decirlo, porque, aunque al principio fue un rey de poco poder, la fama y la gloria le convirtieron en el primer rey de la cristiandad.

Si examinamos sus acciones, las encontraremos todas estampadas con el carácter de la grandeza, y algunas incluso parecerán desviarse de la ruta ordinaria. Desde el principio de su reinado, atacó el reino de Granada, y esta empresa se convirtió en la base de su grandeza. También le proporcionó un medio de ocupar las ambiciones de los grandes de Castilla, que, enteramente absortos en esta guerra, no pensaban en innovar, mientras que él, por su parte, adquiría sobre ellos, gracias a su fama, un ascendiente del que no eran conscientes. Además, el dinero que recibió de la Iglesia y el que recaudó del pueblo le permitieron mantener los ejércitos que, formados por esta larga serie de guerras, le hicieron tan respetado posteriormente. Después de esta empresa, y cubriéndose aún con el manto de la religión para alcanzar mayores logros, se aplicó con piadosa crueldad a perseguir a los moros y a purgar de ellos su reino: un ejemplo admirable sobre el que nunca se meditará demasiado. Finalmente, bajo el mismo pretexto de la religión, atacó África; luego llevó sus armas a Italia; y, por último, hizo la guerra a Francia: de modo que no cesó de formar y ejecutar grandes planes, manteniendo siempre el ánimo de sus súbditos admirado y a la expectativa de los acontecimientos. Todas estas acciones, además, se sucedían y enlazaban de tal manera que no había tiempo para respirar ni medios para interrumpir su curso.

Lo que también puede servir para ilustrar a un príncipe es ofrecer, como hizo Messer Barnabo Visconti, duque de Milán, en su administración interna, y cuando se presenta la ocasión, ejemplos singulares que dan mucho que hablar sobre cómo castigar o recompensar a quienes, en la vida civil, han cometido grandes crímenes o prestado grandes servicios; es actuar, en toda circunstancia, de tal manera que uno se vea obligado a considerarlo superior a los hombres ordinarios.

También estimamos a un príncipe que es abiertamente amistoso u hostil, es decir, que sabe declararse abiertamente y sin reservas a favor o en contra de alguien, lo que siempre es una opción más útil que permanecer neutral.

En efecto, cuando dos potencias vecinas llegan a las manos, ocurre una de dos cosas: o son o no son tales que tienes algo que temer de la que saldrá victoriosa. En cualquiera de los dos casos, te será útil haberte declarado abiertamente y haber hecho la guerra con franqueza. He aquí las razones.

En el primer caso, si no te declaras, seguirás siendo la presa de la potencia vencedora, para satisfacción y contento de la potencia vencida, que no tendrá ningún motivo para defenderte ni siquiera para darte asilo. En cuanto al segundo, ¿por qué habría de acogerte a ti, que te negaste a tomar las armas en su nombre y a correr tras sus fortunas?

Antíoco había llegado a Grecia, donde fue llamado por los etolios, con la intención de expulsar a los romanos, y envió oradores a los aqueos, aliados de este último pueblo, invitándoles a permanecer neutrales. Los romanos también enviaron oradores para instarles a tomar las armas en su favor. Cuando se discutió el asunto en el consejo de los aqueos, y los enviados de Antíoco insistieron en la neutralidad, los de los romanos replicaron, dirigiéndose a los aqueos: "En cuanto al consejo que os damos de no tomar parte en nuestra guerra, y que os presentamos como el mejor y más útil para vuestro país, no hay ninguno que pueda seros más perjudicial; pues si lo seguís, quedaréis como premio del vencedor sin haber ganado la menor gloria para vosotros, y sin ninguna obligación para vosotros. "

Un gobierno debe contar con el hecho de que la parte beligerante que no es su amiga siempre le pedirá que se mantenga neutral, y que la parte amiga querrá que se declare tomando las armas.

Este partido de la neutralidad es el que más a menudo abrazan los príncipes irresolutos, atemorizados por los peligros presentes, y es el que más a menudo les lleva a la ruina.

Si te has mostrado resuelta y vigorosamente a favor de una de las dos partes, no tendrán nada que temer de ti si resultan vencedoras, aunque sean lo bastante poderosas para que quedes a su discreción; porque te estarán obligados: habrán contraído contigo algún lazo de amistad; y los hombres nunca están tan desprovistos de todo sentido del honor como para querer avasallar a aquellos con quienes mantienen tales relaciones, y dar así ejemplo de la más negra ingratitud. Además, las victorias nunca son tan completas que el vencedor pueda creerse libre de toda consideración, y sobre todo de toda justicia. Pero si este partido beligerante, por el que os habéis declarado, es derrotado, al menos podéis contar con ser ayudados en la medida de lo posible, y con ser asociados a una fortuna que puede ser restablecida.

En la segunda hipótesis, es decir, cuando las dos potencias rivales no son tales que tengas nada que temer de la que saldrá victoriosa, la prudencia te aconseja aún más declararte por una de las dos. ¿Qué ocurrirá? Es que habréis arruinado a una de estas potencias por los medios y con la ayuda de otra que, si hubiera sido prudente, debería haberla apoyado, y que se encontrará a vuestra discreción después de la victoria que vuestro apoyo debe llevarla infaliblemente a obtener.

Sobre este punto, además, observo que un príncipe nunca debe, como ya he dicho, unir fuerzas con otro más poderoso que él para atacar a un tercero, a menos que se vea obligado a hacerlo por necesidad, porque la victoria lo pondría a discreción de este otro príncipe más poderoso; y los príncipes deben, en todas las cosas, evitar encontrarse a discreción de otros. Los venecianos unieron sus fuerzas con Francia contra el duque de Milán, y esta asociación, que podrían haber evitado, les llevó a la ruina.

Si tal asociación es inevitable, como lo fue para los florentinos cuando el Papa y España marcharon con sus tropas contra Lombardía, entonces debe decidirse, pase lo que pase.

Además, un gobierno no debe suponer que siempre tomará sólo cursos de acción muy seguros: por el contrario, debe pensarse que no hay curso de acción en el que no haya alguna incertidumbre. Tal es, en efecto, el orden de las cosas que nunca tratamos de evitar una desventaja sin caer en otra; y la prudencia consiste sólo en examinar y juzgar las desventajas y tomar como bueno lo que es menos malo.

Un príncipe debe mostrarse también amante del talento y honrar a quienes se distinguen en su profesión. Debe alentar a sus súbditos y permitirles ejercer su industria en paz, ya sea en el comercio, la agricultura o cualquier otro tipo de trabajo al que se dediquen los hombres; de modo que no haya nadie que se abstenga de mejorar sus posesiones por miedo a que se las arrebaten, o de emprender cualquier oficio por temor a tener que sufrir atrocidades. Debe dar esperanzas de recompensa a quienes emprendan tales empresas, así como a todos aquellos que piensen en aumentar la riqueza y la grandeza del Estado. También debe, en ciertas épocas apropiadas del año, agasajar al pueblo con fiestas y espectáculos; y, como todos los ciudadanos de un Estado están divididos en comunidades de artes o tribus, no puede mostrar demasiada consideración hacia estos gremios; a veces aparecerá en sus asambleas, y siempre mostrará humanidad y magnificencia, sin comprometer la majestad de su rango, una majestad que no debe abandonarle bajo ninguna circunstancia.

Capítulo XXII. Los secretarios de los príncipes.

No es un asunto de poca importancia para un príncipe elegir a sus ministros, que son buenos o malos en función de si él mismo es más o menos sabio. Por eso, cuando queremos evaluar su capacidad, juzgamos primero por las personas que le rodean. Si son hábiles y leales, siempre suponemos que él mismo es sabio, ya que ha sabido discernir su habilidad y asegurar su lealtad; pero pensamos de manera muy distinta si estas personas no lo son; y la elección que hizo de ellas debió de ser su primera operación, por lo que el error que cometió es un presagio muy desafortunado. Todos los que supieron que Pandolfo Petrucci, príncipe de Siena, había elegido como ministro a Messer Antonio da Venafro, juzgaron que Pandolfo era un príncipe muy sabio e ilustrado.

Pueden distinguirse tres órdenes de mentes, a saber: las que comprenden por sí mismas, las que comprenden cuando otros se lo demuestran y, por último, las que no comprenden ni por sí mismas ni con la ayuda de otros. Las primeras son mentes superiores, las segundas mentes buenas, y las terceras no son mentes en absoluto. Si Pandolfo no era del primer orden, sin duda debía ser al menos del segundo, y eso bastaba; porque un príncipe que está en condiciones, si no de imaginar, al menos de juzgar lo que otro hace y dice bien o mal, sabe discernir las buenas o malas acciones de su ministro, favorecer unas, reprimir otras, no dejar esperanza de poder engañarle, y así mantener al propio ministro en la línea de su deber.

Además, si un príncipe quiere una regla definitiva para conocer a sus ministros, podemos darle ésta: Si ves que un ministro piensa más en sí mismo que en ti, y busca su propio interés en todas sus acciones, juzga enseguida que no es lo que debe ser, y que no puede merecer tu confianza; porque el hombre que tiene en sus manos la administración de un Estado no debe pensar nunca en sí mismo, sino que debe pensar siempre en el príncipe, y hablarle sólo de lo que interesa al Estado.

Pero el príncipe debe pensar también en su ministro, si quiere mantenerlo fiel en todo momento; debe rodearlo de consideración, colmarlo de riquezas, incluirlo en todos los honores y dignidades, de modo que no tenga motivos para desear más; en el colmo del favor, debe temer el menor cambio, y estar convencido de que no podría mantenerse sin el apoyo del príncipe.

Cuando el príncipe y el ministro son como digo, pueden entregarse el uno al otro con confianza: si no lo son, el final será igualmente desafortunado para ambos.

Capítulo XXIII. Cómo evitar a los aduladores.

No dejaré de mencionar un artículo importante, y un error del que es muy difícil que los príncipes se defiendan, si no están dotados de gran prudencia, y si no tienen el arte de elegir bien; me refiero a los aduladores con los que las cortes están siempre llenas.

Si, por una parte, a los príncipes cegados por el amor propio les resulta difícil no dejarse corromper por esta plaga, por otra corren un peligro al huir de ella: el de caer en el desprecio. En efecto, sólo hay una buena manera de precaverse contra la adulación, y es dejar claro que no se les puede desagradar diciéndoles la verdad: si alguien puede decir libremente a un príncipe lo que cree que es verdad, pronto dejará de ser respetado.

Entonces, ¿qué curso de acción puede tomar para evitar cualquier inconveniente? Si es prudente, debe elegir a algunos sabios de sus Estados y darles, pero sólo a ellos, plena libertad para que le digan la verdad, limitándose a los asuntos sobre los que les interrogará. Debe, además, consultarlos sobre todo, escuchar sus opiniones y luego resolver él mismo la cuestión; debe también comportarse, ya sea con todos los consejeros juntos o con cada uno de ellos individualmente, de tal manera que se persuada de que le son tanto más agradables cuanto más francamente le hablan; por último, no debe querer oír a ninguna otra persona, actuar de acuerdo con la decisión que ha tomado y atenerse a ella firmemente.

El príncipe que lo utiliza de otro modo se arruina por los aduladores, o es propenso a la variación constante, arrastrado por la diversidad de consejos; lo que disminuye enormemente su estima. Citaré un ejemplo reciente. El sacerdote Lucas, agente de Maximiliano, ahora emperador, dijo de este príncipe "que nunca aceptaba consejos de nadie, y que nunca hacía nada según su propia voluntad". Maximiliano, en efecto, es un hombre muy reservado, que no confía en nadie ni pide consejo; pero a medida que sus planes se van conociendo, a medida que se ponen en práctica, son inmediatamente contradichos por quienes le rodean, y por debilidad se deja llevar por el mal camino: de ahí que lo que hace un día lo deshace al siguiente; nunca sabemos lo que desea o lo que pretende, y no podemos contar con ninguna de sus decisiones.

Por lo tanto, un príncipe siempre debe aceptar consejos, pero debe hacerlo cuando él quiera, y no cuando otros quieran que lo haga; ni siquiera debe permitir que nadie sea tan osado como para darle su opinión sobre algo, a menos que él lo pida; pero tampoco debe ser demasiado reservado en sus preguntas, y debe escuchar pacientemente la verdad, y cuando alguien se vea impedido, por ciertas consideraciones, de decírselo, debe mostrar su disgusto.

Cometen un gran error quienes afirman que tal o cual príncipe que parece sabio no lo es en realidad, porque la sabiduría que demuestra no procede de sí mismo, sino de los buenos consejos que recibe; Porque es regla general, y que nunca engaña, que un príncipe que no es sabio en sí mismo no puede ser bien aconsejado, a no ser que el azar lo haya puesto enteramente en manos de algún hombre muy hábil, que sea el único que lo domine y gobierne; en cuyo caso, además, podrá, sin duda, ser bien dirigido, pero sólo por poco tiempo, pues el conductor pronto se hará con el poder. Pero fuera de esta situación, y cuando se ve obligado a tener varios consejeros, el príncipe que carece de sabiduría los encontrará siempre divididos entre sí y no sabrá cómo unirlos. Cada uno de estos consejeros no pensará más que en sus propios intereses, y no estará en condiciones ni de retomarlos ni siquiera de juzgarlos: de donde se sigue que nunca tendrá más que malos consejeros, porque no se verán obligados por la necesidad a convertirse en buenos. En una palabra, el buen consejo, venga de donde venga, es fruto de la sabiduría del príncipe, y esta sabiduría no es fruto del buen consejo.

Capítulo XXIV. Por qué los Príncipes de Italia perdieron sus Estados.

El nuevo príncipe que ajuste su conducta a todo lo que hemos señalado será considerado como viejo, y pronto estará incluso más seguro y más firmemente establecido que si su poder hubiera sido consagrado por el tiempo. En efecto, las acciones de un príncipe nuevo se examinan mucho más de cerca que las de un príncipe viejo; y cuando se juzgan virtuosas, le ganan y se hacen querer por muchos más corazones de lo que podría hacerlo la antigüedad de la raza; porque los hombres se conmueven mucho más por el presente que por el pasado; y cuando su situación actual les satisface, la disfrutan sin pensar en otra cosa; incluso están muy dispuestos a sostener y defender al príncipe, con tal de que no se falte a sí mismo.

El príncipe tendrá, pues, una doble gloria, la de haber fundado un nuevo Estado, y la de haberlo adornado y consolidado con buenas leyes, buenas armas, buenos aliados y buenos ejemplos; mientras que, por el contrario, habrá una doble vergüenza para aquel que, nacido en el trono, lo haya dejado perder por su falta de sabiduría.

Si consideramos la conducta de los diversos príncipes de Italia que, en nuestro tiempo, han perdido sus Estados, como el rey de Nápoles, el duque de Milán y otros, encontraremos en primer lugar una falta común que reprocharles, a saber, la relativa a las fuerzas militares, de la que se ha hablado extensamente más arriba. En segundo lugar, reconoceremos que se habían atraído el odio del pueblo, o que, poseyendo su amistad, habían fracasado a la hora de asegurarse el apoyo de los grandes. Sin tales faltas, no se perderían Estados lo bastante poderosos como para disponer de un ejército.

Filipo de Macedonia, no el padre de Alejandro Magno, sino el hombre que fue derrotado por T. Quinto Flaminio, poseía sólo un pequeño estado comparado con la grandeza de la república romana y de Grecia, por las que fue atacado; sin embargo, como era un capitán hábil, y había sabido ganarse al pueblo y asegurarse el apoyo de los grandes, se encontró en condiciones de sostener la guerra durante varios años; y si, al final, tuvo que perder algunas ciudades, al menos conservó su reino.

Que aquellos de nuestros príncipes que, después de una larga posesión, han sido despojados de sus Estados, no culpen a la fortuna, sino a su propia cobardía. No habiendo pensado nunca, en tiempos de tranquilidad, que las cosas podían cambiar, semejantes en esto a los hombres comunes que, durante la calma, no se preocupan de la tempestad, pensaron, cuando surgió la adversidad, no defenderse, sino huir, esperando ser llamados de nuevo por sus pueblos, que se habrían cansado de la insolencia del conquistador. Tal proceder puede ser bueno cuando no hay otro; pero es vergonzoso reducirse a él: no te dejas caer con la esperanza de que alguien te levante. Además, no es seguro que en este caso un príncipe sea llamado de este modo; y, si lo es, no será con gran seguridad para él, porque tal clase de defensa lo degrada y no depende de su persona. Ahora bien, no hay defensa buena, segura y duradera para un príncipe, salvo la que depende de sí mismo y de su propio valor.

Capítulo XXV. Cuánto poder tiene la fortuna en los asuntos humanos, y cómo se le puede resistir.

No ignoro que muchas personas han pensado y piensan todavía que Dios y la fortuna gobiernan las cosas de este mundo de tal modo que toda prudencia humana no puede detener ni regular su curso: de lo cual se puede concluir que es inútil preocuparse de tantos problemas, y que no hay más que someterse y dejar que todo lo gobierne el destino. Esta opinión se ha extendido en nuestro tiempo principalmente como consecuencia de la variedad de grandes acontecimientos que hemos mencionado, a los que todavía asistimos, y que nos era imposible prever: por lo que me inclino a compartirla.

Sin embargo, como no puedo admitir que nuestro libre albedrío se reduzca a la nada, imagino que puede ser cierto que la fortuna disponga de la mitad de nuestras acciones, pero que deje más o menos la otra mitad en nuestro poder. La comparo a un río impetuoso que, cuando se desborda, inunda las llanuras, derriba árboles y edificios, quita tierra de un lado y la lleva a otro: todo huye ante sus estragos, todo cede a su furia; nada puede detenerlo. Sin embargo, por temible que sea, una vez pasada la tormenta, la gente trata de protegerse de ella construyendo diques, calzadas y otras obras, para que cuando se produzcan nuevas crecidas, las aguas queden contenidas dentro de un cauce y ya no puedan extenderse tan libremente y causar tan grandes estragos. Lo mismo sucede con la fortuna, que muestra su poder sobre todo allí donde no se ha preparado ninguna resistencia, y lleva su furia allí donde sabe que no hay ningún obstáculo dispuesto a detenerla.

Si consideramos Italia, que es el teatro y la fuente de los grandes cambios que hemos visto y estamos viendo producirse, encontraremos que se asemeja a una vasta campiña desprotegida por cualquier tipo de defensa. Si hubiera estado protegida, como Alemania, España y Francia, contra el torrente, no habría sido inundada, o al menos no habría sufrido tanto.

Limitándome a estas ideas generales sobre la resistencia que se puede oponer a la fortuna, y pasando a observaciones más concretas, observo en primer lugar que no es raro ver a un príncipe prosperar un día y caer al siguiente, sin que por ello haya cambiado ni su carácter ni su conducta. Esto viene, me parece, de lo que ya he establecido con cierta extensión, que un príncipe que confía enteramente en la fortuna cae a medida que ésta varía. También me parece que un príncipe es feliz o infeliz, según que su conducta esté o no en consonancia con la época en que reina. Todos los hombres tienen el mismo objetivo en mente: gloria y riquezas; pero no todos actúan de la misma manera en todo lo que está encaminado a conseguir este objetivo: unos proceden con circunspección, otros con impetuosidad; unos utilizan la violencia, otros el artificio; unos son pacientes, otros no lo son en absoluto: estas distintas maneras de actuar, aunque muy diferentes, pueden tener el mismo éxito. Vemos, además, que de dos hombres que siguen el mismo camino, uno llega y el otro no; mientras que, por el contrario, otros dos que caminan de manera muy distinta, y, por ejemplo, uno con circunspección y el otro con impetuosidad, llegan, sin embargo, igualmente a su fin: ¿y de dónde procede esto, sino de que los modos de proceder sean o no acordes con los tiempos? Esto es lo que hace que dos acciones diferentes produzcan el mismo efecto, y que dos acciones semejantes tengan resultados opuestos. También por eso lo que es bueno no siempre lo es. Así, por ejemplo, un príncipe gobierna con circunspección y paciencia: si la naturaleza y las circunstancias de los tiempos son tales que esta manera de gobernar es buena, prosperará; pero fracasará, por el contrario, si, al cambiar la naturaleza y las circunstancias de los tiempos, él mismo no cambia su sistema.

Incluso los hombres más prudentes no saben cambiar en el momento oportuno, bien porque no pueden actuar en contra de su propio carácter, bien porque, una vez que han prosperado durante mucho tiempo siguiendo un determinado camino, no pueden persuadirse de que sea una buena idea tomar otro. Así, el hombre circunspecto, al no saber ser impetuoso cuando debe serlo, es él mismo el artífice de su propia ruina. Si pudiéramos cambiar nuestro carácter según el tiempo y las circunstancias, la fortuna no cambiaría nunca.

El Papa Julio II era impetuoso en todas sus acciones, y esta forma de actuar era tan acorde con los tiempos y las circunstancias que el resultado fue siempre feliz. Consideremos su primera empresa, la que llevó a cabo sobre Bolonia en vida de Messer Giovanni Bentivogli: los venecianos la veían con malos ojos, y era tema de discusión para España y Francia; sin embargo, Julio se precipitó en ella con su natural resolución e impetuosidad, dirigiendo él mismo la expedición; y, con esta audacia, mantuvo a raya a los venecianos y a España, de modo que nadie se movió: los venecianos, porque temían, y España, porque deseaba recuperar el reino de Nápoles en su totalidad. Además, atrajo en su ayuda al rey de Francia; pues este monarca, viendo que el Papa se había puesto en marcha, y deseando ganarse su amistad, que necesitaba para derrotar a los venecianos, juzgó que no podía negarle la ayuda de sus tropas sin ofenderle claramente. Julio obtuvo así, con su impetuosidad, lo que otro no habría obtenido con toda la prudencia humana; pues si hubiera esperado a salir de Roma, como habría hecho cualquier otro papa, hasta que todo hubiera estado acordado, decidido y preparado, ciertamente no habría tenido éxito. El rey de Francia habría encontrado mil maneras de disculparse ante él, y las demás potencias otras tantas para atemorizarle.

No hablaré aquí de las demás operaciones de este pontífice, que, realizadas todas de la misma manera, tuvieron el mismo éxito. Además, la brevedad de su vida no le permitió experimentar los reveses que probablemente habría sufrido si hubiera vivido en una época en la que hubiera sido necesario comportarse con circunspección; pues nunca habría podido abandonar el sistema de violencia al que su carácter le llevaba con demasiada frecuencia.

Concluyo, por lo tanto, que como la fortuna cambia, y los hombres persisten en la misma manera de actuar, son felices mientras esta manera concuerda con la fortuna; pero tan pronto como este acuerdo cesa, se vuelven infelices.

Creo, además, que es mejor ser impetuoso que circunspecto; porque la fortuna es una mujer: para mantenerla sumisa, hay que tratarla con rudeza; cede más bien a los hombres que usan la violencia que a los que actúan con frialdad: por eso es siempre amiga de los hombres jóvenes, que son menos reservados, más impetuosos, y que mandan con más audacia.

Capítulo XXVI: Exhortación para liberar a Italia de los bárbaros.

Reflexionando sobre todo lo que he expuesto anteriormente, y examinando por mí mismo si hoy los tiempos serían tales en Italia que un nuevo príncipe podría hacerse ilustre allí, y si un hombre prudente y valiente encontraría la oportunidad y los medios para dar a este país una nueva forma, Me parece que tantas circunstancias conspiran en favor de tal plan, que no sé si ha habido alguna vez un tiempo más propicio que éste para estos grandes cambios.

Y si, como he dicho, fue necesario que el pueblo de Israel fuera esclavo de los egipcios para conocer la virtud de Moisés; si la grandeza del alma de Ciro sólo pudo brillar mientras los persas estuvieron oprimidos por los medos; si, en fin, para apreciar todo el valor de Teseo, fue necesario que los atenienses estuvieran desunidos : De la misma manera, en aquellos días, para que brillara cualquier genio, Italia tenía que estar reducida al punto en que se encuentra ahora; tenía que estar más oprimida que los hebreos, más esclavizada que los persas, más desunida que los atenienses, sin líderes, sin instituciones, golpeada, destrozada, invadida y abrumada por toda clase de desastres.

Hasta ahora, algunos destellos de luz han aparecido ocasionalmente para anunciar a un hombre elegido por Dios para su liberación; pero pronto vio a este hombre detenido por la fortuna en su brillante carrera, y sigue esperando, casi moribunda, a aquel que sea capaz de cerrar sus heridas, poner fin al pillaje y al saqueo que sufre Lombardía, acabar con las exacciones y vejaciones que asolan el reino de Nápoles y Toscana, y curar por fin sus heridas tan inveteradas que se han vuelto fistulosas.

También la vemos rezar constantemente al cielo para que se digne enviarle a alguien que la libre de la crueldad y la insolencia de los bárbaros. También la vemos dispuesta a alzarse bajo el primer estandarte que alguien se atreva a desplegar ante sus ojos. Pero, ¿dónde depositar mejor sus esperanzas que en vuestra ilustre Casa, que, por sus virtudes hereditarias, su fortuna, el favor de Dios y el de la Iglesia, cuyo trono ocupa actualmente, puede verdaderamente dirigir y realizar esta feliz liberación?

No será difícil, si tenéis ante vosotros la vida y las hazañas de estos héroes que acabo de nombrar. Eran, es verdad, hombres raros y maravillosos; pero eran hombres al fin y al cabo; y las oportunidades que aprovecharon fueron menos favorables que la presente. Sus empresas no eran más justas que ésta, y no tenían más protección del cielo que vosotros. Aquí es donde la justicia brilla en todo su esplendor, pues la guerra es siempre justa cuando es necesaria, y las armas son sagradas cuando son el único recurso de los oprimidos. Aquí, todos los deseos del pueblo os llaman; y, en medio de esta disposición unánime, el éxito no puede ser incierto: todo lo que tenéis que hacer es seguir el ejemplo de aquellos que os he propuesto como modelos.

Es más, Dios manifiesta su voluntad con signos deslumbrantes: el mar se partió, una nube luminosa mostró el camino, la roca hizo brotar aguas de su seno, el maná cayó en el desierto; todo favorece así tu grandeza. Deja que el resto sea obra tuya: Dios no quiere hacerlo todo, para no dejarnos sin mérito y sin esa porción de gloria que nos permite adquirir.

Que ninguno de los italianos de que os he hablado haya sido capaz de hacer lo que se espera de vuestra ilustre casa; que, aun en medio de tantas revoluciones que ha sufrido Italia, y de tantas guerras de que ha sido teatro, pareciera que se había extinguido todo valor militar, no es de extrañar: esto se debe a que las antiguas instituciones eran malas, y no había quien supiera encontrar otras nuevas. No hay nada, sin embargo, que honre más a un hombre que empieza a ascender que el haber sabido introducir nuevas leyes y nuevas instituciones: si estas leyes y estas instituciones se basan en un fundamento sólido, y si tienen grandeza, hacen que sea admirado y respetado por todos los hombres.

Italia, además, ofrece un sujeto capaz de las reformas más universales. Es aquí donde el valor brillará en cada individuo, siempre que los propios líderes no carezcan de él. Ved en los duelos y batallas entre un pequeño número de adversarios cuán superiores son los italianos en fuerza, destreza e inteligencia. Pero si luchan como un ejército, todo su valor se desvanece. Por un lado, los que saben no obedecen, y todos creen que saben; por otro, no ha habido un líder lo bastante elevado, por mérito personal o por fortuna, por encima de los demás, como para que todos reconozcan su superioridad y se sometan a él. En consecuencia, durante tanto tiempo, y durante tantas guerras que han tenido lugar en los últimos veinte años, cualquier ejército compuesto íntegramente por italianos no ha sufrido más que reveses, primero el Taro, después Alejandría, Capua, Génova, Vailà, Colonia y Mestri.

Si vuestra ilustre casa desea imitar a los grandes hombres que, en diferentes épocas, libraron a su patria, lo que debe hacer en primer lugar, y lo que debe ser la base de su empresa, es dotarse de fuerzas nacionales, pues son las más fuertes, las más leales y las mejores que pueden poseerse: cada uno de los soldados que las componen, siendo bueno personalmente, será aún mejor cuando todos juntos se vean mandados, honrados y mantenidos por su príncipe. Con armas como éstas, el valor italiano podrá rechazar a los extranjeros.

La infantería suiza y la infantería española se consideran terribles; pero hay tal defecto en ambas que es posible formar una tercera, capaz no sólo de resistirlas, sino también de vencerlas. En efecto, la infantería española no puede hacer frente a la caballería, y la infantería suiza debe temer a cualquier otra tropa de la misma naturaleza que luche con la misma obstinación que ella. También hemos visto, y volveremos a ver, a la caballería francesa derrotar a la infantería española, y a ésta destruir a la infantería suiza; de lo cual ha habido, si no una experiencia completa, al menos una prueba en la batalla de Rávena, donde la infantería española se encontró en pugna con los batallones alemanes, que observan la misma disciplina que los suizos: Vimos a los españoles, favorecidos por su agilidad y cubiertos por sus pequeños escudos, penetrar bajo las lanzas en las filas de sus adversarios, golpeándolos sin riesgo y sin que los alemanes pudieran impedírselo; y los habrían destruido hasta el final, si la caballería no hubiera venido a cargar ellos mismos a su vez.

Ahora que conocemos los defectos de estos dos tipos de infantería, podemos organizar una nueva que resista a la caballería y no tema a otros soldados de a pie. No es necesario crear un nuevo tipo de tropa; basta con encontrar una nueva organización, una nueva forma de combatir; y es a través de tales invenciones como un nuevo príncipe adquiere reputación y logra crecer.

No perdamos, pues, esta oportunidad. ¡Que Italia, después de tan larga espera, vea por fin aparecer a su libertador! No encuentro palabras para expresar con qué amor, con qué sed de venganza, con qué lealtad inquebrantable, con qué veneración y lágrimas de alegría sería recibido en todas las provincias que tanto han sufrido con estas avalanchas de extranjeros. ¿Qué puertas se le cerrarían? ¿Qué pueblos se negarían a obedecerle? ¿Qué celos se opondrían a su éxito? ¿Qué italiano no le rodearía de respeto? ¿Hay alguien cuyo corazón no saltaría ante la idea de la dominación bárbara?

Que vuestra ilustre casa asuma esta noble carga con el valor y la esperanza de éxito que inspiran una empresa justa y legítima; que, bajo su estandarte, la patria común recupere su antiguo esplendor, y que, bajo sus auspicios, estos versos de Petrarca lleguen por fin a buen término.

"Virtù contra furore

Prenderà l'arme, e fia'l combatter corto;

Che l'antico valore

Negl'italici cor non è ancor morto".

Petrarca, Canz. XVI, V. 93-96

FIN DEL PRÍNCIPE.

1. Véase la nota al final del Príncipe.

2. A pesar de esta reticencia, Maquiavelo habla muy claramente de las repúblicas, en el capítulo V entre otros. M. Artaud piensa que este pasaje fue sometido a censura, y en consecuencia alterado, cuando los Medici permitieron que se imprimiera este libro.

3. Maquiavelo vuelve varias veces sobre este pensamiento; lo repite en el Libro IV de la Historia de Florencia: "En cuanto a los hombres poderosos, o no hay que tocarlos, o cuando se les toca, hay que matarlos". Esta máxima es una de las que han sido más ferozmente atacadas.

4. Federico II, en el capítulo VI de la Antimachiavela, dice sobre este pasaje:

"Me parece que Maquiavelo coloca a Moisés bastante desconsideradamente con Rómulo, Ciro y Teseo. O Moisés fue inspirado o no lo fue. Si no lo fue, lo cual nos cuidamos de suponer, entonces sólo podría ser considerado como un impostor que utilizó a Dios, de la misma manera que los poetas utilizan a sus dioses como máquinas cuando les falta un clímax. Además, Moisés era tan poco hábil en el razonamiento humano que condujo al pueblo judío durante cuarenta años en un viaje que podrían haber hecho en seis semanas; se había beneficiado muy poco de la ilustración de los egipcios, y en este sentido era muy inferior a Rómulo, Teseo y aquellos héroes. Si Moisés fue inspirado por Dios, como puede verse en todo, sólo puede ser considerado como el órgano ciego de la omnipotencia divina; y el líder de los judíos era en este sentido muy inferior, como hombre, al fundador del Imperio Romano, al monarca de los persas y a los héroes que hicieron, por su propio valor y fuerza, mayores hazañas que los otros con la asistencia inmediata de Dios".

5. Col gesso, palabra de Alejandro VI, que significa que el rey Carlos no tenía nada más que hacer que hacer que un alguacil marcara los alojamientos en las puertas con tiza.

6. La idea de sustituir las tropas mercenarias por tropas nacionales fue desarrollada ampliamente por Maquiavelo, en los libros I y II de su tratado sobre el Arte de la Guerra. Para una apreciación de nuestro autor, como táctico, véase Coronel Carion-Nisas: Essai sur l'histoire de l'art militaire, París, 1824, cap. II, de Maquiavelo considerado como escritor militar y observador del estado de Europa, en términos de guerra, al final de la Edad Media. El conde Algarotti, amigo de Federico II, también escribió una obra sobre los Siete libros del arte de la guerra.

7. El autor se refiere a Fernando el Católico, rey de Aragón y Castilla.

www.ingramcontent.com/pod-product-compliance
Lightning Source LLC
Chambersburg PA
CBHW050930260726
48660CB00001B/496